나는 믿는다

# 나는 믿는다

지은이 | 유진소
초판 발행 | 2022. 1. 19
등록번호 | 제1988-000080호
등록된 곳 | 서울특별시 용산구 서빙고로 65길 38
발행처 | 사단법인 두란노서원
영업부 | 2078-3352   FAX | 080-749-3705
출판부 | 2078-3331

책값은 뒤표지에 있습니다.
ISBN 978-89-531-4130-8 03230  Printed in Korea

독자의 의견을 기다립니다.
tpress@duranno.com www.duranno.com

두란노서원은 바울 사도가 3차 전도여행 때 에베소에서 성령 받은 제자들을 따로 세워 하나님의 말씀으로 양육하던 장소입니다. 사도행전 19장 8-20절의 정신에 따라 첫째 목회자를 돕는 사역과 평신도를 훈련시키는 사역, 둘째 세계선교(TIM)와 문서선교(단행본·잡지) 사역, 셋째 예수문화 및 경배와 찬양 사역, 그리고 가정·상담 사역 등을 감당하고 있습니다. 1980년 12월 22일에 창립된 두란노서원은 주님 오실 때까지 이 사역들을 계속할 것입니다.

# 나는
# 믿는다

사도신경으로 배우는
기독교 핵심 교리

유진소 지음

두란노

◇◇◇◇◇◇◇◇◇◇◇◇◇◇◇◇◇◇

# 사도신경

나는 전능하신 아버지 하나님, 천지의 창조주를 믿습니다.

나는 그의 유일하신 아들, 우리 주 예수 그리스도를 믿습니다.

그는 성령으로 잉태되어 동정녀 마리아에게서 나시고,

본디오 빌라도에게 고난을 받아 십자가에 못 박혀 죽으시고,

장사된 지 사흘 만에 죽은 자 가운데서 다시 살아나셨으며,

하늘에 오르시어 전능하신 아버지 하나님 우편에 앉아 계시다가,

거기로부터 살아 있는 자와 죽은 자를 심판하러 오십니다.

나는 성령을 믿으며, 거룩한 공교회와 성도의 교제와

죄를 용서받는 것과 몸의 부활과 영생을 믿습니다. 아멘.

◇◇◇◇◇◇◇◇◇◇◇◇◇◇◇◇◇◇

**목차**

2020년 1월, 코로나19 바이러스라는 엄청난 공격이 우리 사회를 치고 들어오면서 우리는 상상도 못한 어려움 가운데 빠지게 되었습니다. 그런데 절묘하게도 코로나19 바이러스의 집단 감염이 신천지라는 이단을 통해 확산되면서 사람들은 신천지 이단이라는 영적 바이러스에 대해서도 동시적인 충격을 받게 되었습니다. 그 영적 바이러스의 직접 공격의 대상이 된 교회는 말할 필요도 없었습니다. 그런데 정말 절묘했습니다. 육체의 질병을 일으키는 바이러스가 영적으로 건강한 교회를 감염시켜 무너뜨리는 대표적 이단인 신천지를 통해 확산되었으니 말입니다.

결국 교회는 코로나19 바이러스로 인해 예배당의 문을 닫아야만 했습니다. 코로나19 바이러스가 확산되는 것을 막기 위한 방역 지침상 어쩔 수 없는 상황이었지만, 신천지가 코로나19 바이러스를 가진 채 교회에 몰래 들어와 교회를 무너뜨리려 한다는 소식에 그렇게 한 것이기도 합니다.

그러면서 생각했습니다. '신천지라는 이단 때문에 교회의 문을 닫아야 하는 이 안타까운 현실은 어디에서 비롯된 것인가?' 제가 내린 결론은, 신천지라는 영적 바이러스가 강해서가 아니라, 교회의 면역력이 너무나 약해서 그렇게 되었다는 것이었습니다. 그리고 교회의 면역력이 약한 이유는, 교회가 교리적인 면에서 너무나도 취약하기 때문이라는 생각을 갖게 되었습니다.

초대 교회 이후 이단은 계속해서 교회를 공격하고 흔들어 왔습니다. 하지만 그때마다 교회는 견고한 교리를 통해 이단의 공격을 이겨 내며 교회를 지키고 세워 왔습니다. 그것이 바로 교회사의 중추가 되었습니다.

이 영적 바이러스를 이기기 위해 성도들에게 바른 교리를 분명하게 가르쳐야겠다고 생각해 그때부터 사도신경을 깊이 연구하고 성도들에게 강해했습니다. 이유는, 기독교 역사 가운데 많은 신조와 교리들이 있어 왔는데, 그중에 가장 오래되고 기본이 되는 것이 바로 사도신경이기 때문입니다. 비록 짧은 내용이지만, 제대로 배우고 소화시킨다면 충분히 강력하고 견고한 믿음의 고백이 되기에 사도신경을 강해하기로 결정한 것입니다.

그런데 사도신경 강해를 준비하면서 두 가지 문제에 직면하게 되었습니다. 하나는, 사도신경에 대한 혼란스러운 입장들입니다. 한편에서는 사도신경을 교회의 핵심이 되는 절대적인 신앙 고백이라고 말합니다. 비록 그 내용이 성경에 기록되어 있진 않지만, 성경의 진리를 완벽하게 요약한 것으로 성경과 같은 권위를 갖는 전통 있는 신앙 고백이라고 주장하는 것입니다. 그래서 어느 교회가 이단인지 아닌지는 그 교회가 예배 시간에 사도신경을 고백하는지 고백하지 않는지를 보면 알 수 있다는 말이 있을 정도입니다. 반면 다른 편에서는, 사도신경은 마귀가 중세 가톨릭의 교권주의자들을 이용해서 교묘하게 사람들을 낚으려고 만든 아주 교활하고 위험한 것이라고 말합니다. 그러면서 사도신경의 내용 곳곳에 숨겨져 있는 문제들을 음모론적인 입장에서 찾아내어 주장하면서 사도신경이 사도들과는 아무런 상관이 없는, 그야말로 조작된 위작이라고 말합니다. 너무 헷갈리고 머리 아픈 혼란스러움이 아닐 수 없습니다.

또 하나의 문제는, 사도신경에 대한 메마른 고정관념입니다. 대부분의 성도들이 사도신경은 재미없다는 생각을 가지고 있어서 사도신경에 대한 기대가 없는 것이 정말 큰 문제였습니다. 나사렛에서 무슨 선한 것이 나오겠느냐는 것보다 더한 고정관념이 사도신경을 대하는 성도들의 마음에 꽉 차 있었던 것입니다. 그러다 보니 사도신경을 강해한다고 했을 때 성도들의 반응이 시큰둥했습니다. 한 번은 다루어 볼 만하겠지만, 거기에서 무슨 신통한 은혜를 받을 것 같지는 않다는 표정이었습니다.

이런 두 가지 문제 앞에서 사도신경을 연구하고 강해하기로 결심하고 주님 앞에 엎드렸을 때, 주님이 주신 강렬한 감동은 에스겔서에 나오는 '에스골 골짜기의 마른 뼈 환상'이었습니다. 마른 뼈가 가득한 골짜기에서 주님이 말씀하신 대로 마른 뼈들을 향해 생기가 들어갈 것을 대언하여 명령했을 때, 마른 뼈가 살아나면서 군대가 되었던 환상이 바로 사도신경 가운데 일어나는 감동이었습니다.

　　그렇습니다. 사도신경에 대해 알려 주고 가르치는 것이 아니라, 사도들의 신앙 고백, 곧 그들의 입에서 고백되고 선포되는 순간 영적인 역사가 일어나 성도가 살아나고 악한 대적들이 소리 지르며 떠나갔던 그 살아 있는 고백을 다시 한 번 이 시대의 성도들이 고백하게 하라는 강력한 감동이 제 가슴을 울리고 저를 흔들었습니다.

　　결국 이 일은 성령님이 하셔야 하는 것입니다. 이렇게 글을 써서 이야기하는 것은 그저 사도신경에 대해 말하는 것밖에 될 수 없습니다. 하지만 이 책을 읽으면서 사도신경을 사도들의 신앙 고백처럼 자신의 신앙 고백으로 하나님에게 올려 드릴 때, 성령님이 그동안 마른 뼈와 같이 죽어 있던 우리의 사도신경을 살리면서 군대가 되게 하실 것입니다. 그런 에스골 골짜기의 역사가 이 책을 읽는 모든 사람들에게 있기를 기도합니다.

2022년 1월

유진소 목사

# 1. / 믿는 도리를 굳게 잡고

"또 하나님의 집 다스리는 큰 제사장이 계시매 우리가 마음에 뿌림을 받아 악한 양심으로부터 벗어나고 몸은 맑은 물로 씻음을 받았으니 참마음과 온전한 믿음으로 하나님께 나아가자 또 약속하신 이는 미쁘시니 우리가 믿는 도리의 소망을 움직이지 말며 굳게 잡고 서로 돌아보아 사랑과 선행을 격려하며 모이기를 폐하는 어떤 사람들의 습관과 같이 하지 말고 오직 권하여 그날이 가까움을 볼수록 더욱 그리하자"(히 10:21-25).

우리는 지금 코로나19 팬데믹이라는, 전 세계적으로 유래가 없는 위기의 때를 지나고 있습니다. 국가적인 차원의 방역 조치로 인해 자유로운 모임이 불가능해진 상황 가운데서 교회는 그 어느 때보다도 큰 위기에 직면해 있습니다. 이러한 때일수록 우리는 기본으로 돌아가야 합니다. 다른 어떤 것보다 신앙의 핵심, 그 믿음의 진리로 돌아가야 합니다.

'사도신경'은 기독교 역사 이천 년에 걸쳐 가장 많이 알려지고 인정된 신앙 고백입니다. 이것이 가톨릭의 신앙 고백이라며 문제를 제기하는 사람들도 있지만, 아닙니다. 종교 개혁을 일으켰던 루터(Martin Luther)나 칼뱅(Jean Calvin)도 자신들의 교리에서 아주 중요하게 여기면서 강조했던 신앙 고백입니다. 우리의 믿는 도리 중 가장 핵심적인 것을 담았기 때문입니다. 하지만 많은 사람들이 사도신경을 주일마다 암송하고 고백하면서도 이것이 무슨 내용인지는 정확히 모르고 있습니다. 이제부터 우리는 사도신경에 과연 어떤 내용이 담겨 있는지를 자세히 살펴볼 것입니다.


## 사도신경이란 무엇인가

우선적으로 살펴봐야 할 것은 '사도신경'이라는 이름에 대한 것입니다. 우리는 이것을 왜 '사도신경'이라고 부르는 것일까요? 먼저 확실히 해야 할 것은 '신경'(信經)이라는 말의 의미입니다. 이것은 절대로 어떤 비판자들의 주장처럼 '성경'(聖經)의 '경'(經)과 같은 의미로 쓰인 말이 아닙니다. 다시 말하면, 이것이 '성경과 동일한 권위를 갖는다'는 면에서 사도신경이라고 부르는 것이 아니라, '성경적인 근거를 가지고 우리의 믿는 도리를 고백한다'는 면에서 '신경'이라고 부르는 것입니다. 영어로는 사도신경을 'The Apostles' Creed'라고 하는데, 여기서 'Creed'라는 것은 '믿다'라는 의미의 라틴어 '크레도'(Credo)에서 온 것으로서 '교리, 신념, 신조'라는 의미이기에 그것을 우리말로 번역한 '신경'이라는 것도 '신앙 고백' 혹은 '신조'라고 이해할 수 있습니다.

또 하나 분명히 해야 할 것은 '사도'라는 부분입니다. 왜 이것을 '사도신경', 즉 '사도들의 신앙 고백'이라고 부르는 것일까요? 이와 관련해서 주후 4세기경 루피너스(Rufinus Tyrannius)라는 사람은 '사도신조 주석'을 쓰면서 다음과 같은 황당한 주장을 펼쳤습니다. 예루살렘이 멸망한 해인 주후 70년 이전에 열두 사도가 모여서 교회와 성도들을 위해 자신들이 믿는 믿음의 도리를 정리했는데, 제일 먼저 베드로가 첫 번째 내용을 말하고, 이어서 각 사도가 한마디씩 하면서 사도신경 전체가 완성되었다는 것입니다. 실제로 사도신경은 열두 개의 '나는 믿는다'의 고백으로 되어 있어 그럴듯하기는 하지만, 이는 사실 무근의 황당한 이야기입니다. 사도신경은 이 고백을 사도들이 직접 만들었기에 붙여진 이름이 아니라, 이 신앙 고백의 근거와 근원이 바로 사도들의 신앙 고백이기 때문에 붙여진 이름입니다.

좀 더 구체적으로 말하면, 사도신경의 최초의 근원은 베드로가 예수님에게 "주는 그리스도시요 살아 계신 하나님의 아들이시니이다"라고 고백했던 마태복음 16장 16절의 바로 그 고백입니다. 그리고 이것은 베드로만이 아니라 모든 사도들의 동일한 신앙 고백이었습니다. 그것을 잘 보여 주는 것이 "나의 주님이시요 나의 하나님이시니이다"(요 20:28)라는 도마의 고백입니다.

이러한 사도들의 신앙 고백이 초대 교회에서는 세례를 위한 교육과 문답으로 발전하게 됩니다. 주후 215년에 기록된 히폴리투스(Hippolytus of Rome)의 '사도적 전통의 문답식 신경'의 내용은 이 세례 문답의 형식을 그대로 보여 주고 있는데, 내용은 아래와 같습니다.

첫째, 모든 것을 다스리시는 아버지 하나님을 믿습니까?

둘째, 하나님의 아들이시요, 성령으로 잉태하사 동정녀 마리아에게 나시고, 본디오 빌라도에 의하여 십자가에 못 박혀 죽으시고, 장사되었다가 사흘 만에 죽은 자 가운데서 다시 살아나시며, 하늘에 오르사 아버지 우편에 앉아 계시다가 산 자와 죽은 자를 심판하러 오실 예수 그리스도를 믿습니까?

셋째, 성령을 믿으며 거룩한 공회와 몸이 다시 사는 것을 믿습니까?

이것이 주후 4-5세기에 걸쳐 있던 니케아 종교 회의를 비롯한 여러 종교 회의를 거치면서 내용이 정리되다가 주후 710년에 '텍스투스 리셉투스'(Textus Receptus)라는 문서에 지금의 사도신경과 거의 비슷한 형태로 확정되어 전파되게 됩니다. 이

후 가톨릭에서 예배를 위한 신앙 고백으로 주로 사용되다가, 종교 개혁이 일어나면서 루터와 칼뱅 등에 의해 교회 안에서 교리 교육을 위한 신앙 고백으로 사용하게 된 것입니다.

결론적으로, 사도신경에 대한 루터와 칼뱅의 말은 이것이 왜 사도신경인지를 그대로 확실하게 말해 주고 있습니다.

"사도신경은 우리나 초대 교부들이 고안해 낸 것이 아니다. 마치 꿀벌들이 온갖 아름다운 꽃에서 꿀을 모으듯이 위대한 사도들이 전해 준 성경의 가르침을 오묘하게 요약한 것으로 어린이들과 순수한 기독교인들의 유익을 위해 만들어진 것이다." _ **마틴 루터**

"사도신조는 우리의 구속의 중요한 점들을 간단히 요약하며, 그리스도에 대해서 우리가 유의해야 할 일들을 일일이 분명히 보여 주는 일람표와 같은 구실을 하고 있다. 나는 신경이라고 부르지만 그 저자 문제는 전연 고려하지 않는다. 고대 저술가들은 신경을 사도들에게 돌리는 점에서 상당히 의견이 일치했다. 사도들이 공동으로 써서 발표했다거나 그렇지 않으면 그들이 전한 가르침을 충실히 수집하며 요약한 것이므로 넉넉히 사도들의 이름을 붙일 만하다고 생각했다. 사도신조가 어디서 유래되었든 교회의 바로 초창기 즉 사도 시대에 모든 사람이 이구동성으로 그것을 공적 고백서로 인정했다고 나는 확신한다." _ **장 칼뱅**

# 사도신경을 고백하는 이유

그렇다면 우리는 왜 사도신경을 고백하는 것일까요? 그것은 다음의 두 가지 이유 때문일 것입니다.

### ●●● 성도들의 아름다운 연합, 즉 하나 됨을 위해

"또 약속하신 이는 미쁘시니 우리가 믿는 도리의 소망을 움직이지 말며 굳게 잡고 서로 돌아보아 사랑과 선행을 격려하며"
(히 10:23-24).

'우리가 믿는 도리'를 굳게 잡아야 할 첫 번째 이유는 '서로 돌아보아 사랑과 선행을 격려하며', 즉 성도들이 연합하기 위해서, 하나되기 위해서입니다. 앞서 이야기한 것처럼, 초대 교회 당시 사도신경은 세례 교육과 문답을 위해 사용되었습니다. 그리스도인의 정체성을 확실하게 하면서 하나의 공동체로 온전히 묶기 위해 사용되었다는 것입니다. 이러한 이유로 예배 가운데 이 사도신경이 고백된 것입니다. 어떤 존재든지 이 신앙 고백을 하는 순간, 그들 모두가 서로 하나되는 놀라운 역사가 일어나게 됩니다.

그렇습니다. 상황이나 여건이나 특징이 다르다 할지라도 우리가 같은 신앙을 고백하는 순간, 더구나 그것이 처음 그리스도인이었던 사도들이 했던 바로 그 신앙의 고백인 이상, 우리는 온전히 하나입니다. 그렇게 우리는 신앙 공동체를 이루는 것입니다. 그래서 사도신경은 중요합니다. 그래서 우리는 사도신경을 고백해야 하는 것입니다.

### ● ● ●   미혹하는 자와의 영적 싸움에서 이기기 위해

> "모이기를 폐하는 어떤 사람들의 습관과 같이 하지 말고 오직 권하여 그날이 가까움을 볼수록 더욱 그리하자"(히 10:25).

위의 말씀에도 언급되어 있지만, 우리가 하나의 믿음 아래 한 공동체로 아름답게 서서 신앙생활하는 것을 훼방하는 영적인 세력들이 있습니다. 우리가 믿는 진리를 왜곡하고 미혹하는 악한 세력들이 있다는 것입니다.

사도신경이 나오게 된 초대 교회의 중요한 배경 가운데 하나는 바로 이단들과의 싸움입니다. 너무나도 교묘하게 성도들을 미혹하면서 교회를 어지럽히는 세력들을 이기기 위해 사도신경이 만들어진 것입니다. 이단의 미혹과 속임을 이기는 가장 강력한 방법은 바로 각자가 믿는 믿음을 아주 분명하고도 선명하게 고백해야 하는 것이기 때문입니다.

청년 시절 서울에 있는 한 교회에 출석할 때 경험했던 이야기입니다. 어느 날 그 교회 출신으로 신학교를 졸업하고 독일로 유학을 가서 신학 박사 학위를 받아 가지고 온 한 목사님이 귀국 인사 차 교회를 방문해 오셨습니다. 담임 목사님을 기다리며 사무실에서 이런저런 이야기를 하고 계셨는데, 가만 들어 보니 자유주의 신학에 대한 견해를 나누고 있었습니다. 그분은, 신학적으로 예수님의 동정녀 탄생은 말이 안 되는 것으로 일종의 신화화 된 것이며, 예수님이 죽은 자 가운데서 부활하신 것도 역시 신화적 요소를 가미해 성경에 기록한 것이라는 최신 자유주의 신학의 견해를 주장하고 있었습니다. 그때 그 자리에 있던 사무장 집사님과 부목사님 한 분도 그런 신학적인 견해에 동의하며 자신들이 가진 신학 지식을 가지고 그분을 거들고 있었습니다. 독일 유학파 출신 신학 박사의 세련된 가방끈 앞에 모두가 다 동조하고 있는 상황이었습니다.

그때 그 자리에는 사찰 집사님 한 분이 함께 계셨는데, 이분은 경상북도 안동 인근에 위치한 유교마을에서 태어나 겨우 국민학교(초등학교)만 졸업하고 농사를 짓던 분이었습니다. 이분이 청년 시절에 어떤 일을 계기로 예수님을 뜨겁게 만나게 되었는데, 그 후 가족들과 함께 서울로 올라와 검정고시를 보고 그 교회에서 사찰로 일하면서 이제 막 야간 신학교에 입학하려던 차였습니다. 제가 청년으로 소속되어 있을 당시 이런저런 일로 그 집사님 부부와 자주 만나곤 했는데, 두 분 모두 신앙적으로 너무나도 순수하고 점잖은, 말 그대로 사람 자체가 좋은 분들이었습니다. 결코 다른 사람들에게 무례하거나 함부로 대하지 않는, 그야말로 양반 같은 분이었습니다. 그런데 그런 그분이 갑자기 벌떡 일어나더니 추상같은 어조로 떨면서 선포하기 시작했습니다.

"나는 목에 칼이 들어와도 예수님께서 동정녀를 통해 이 땅에 오신 하나님이시라는 것과 그분이 십자가에서 우리를 위하여 대신 죽으시고 3일 만에 부활하신 것을 믿습니다."

얼마나 강력했던지, 사람의 말에 그렇게 강력한 힘이 있을 수 있다는 것을 그날 처음 경험했습니다. 그분이 그렇게 강력하게 선포하시자 거기에 있던 사람들은 모두 당황해서 어쩔 줄 몰라 했고, 그 독일 신학 박사 목사님도 "아니, 저도 그것을 믿지 않는다는 것은 아니고…" 하며 꼬리를 내리고 말았습니다. 저는 그날 독일 신학 박사가 한국 경상도 국졸 앞에서 무참하게 깨지는 너무나도 통쾌한 장면을 보았습니다.

그렇습니다. 우리가 사도신경을 함께 고백하는 이유는 바로 이러한 영적 싸움 때문입니다. 이것이 사도신경을 고백하는 주되고 실제적인 이유입니다.

사도신경은 열두 개의 '나는 믿는다'라는 선포로 이뤄져 있습니다. 성부 하나님에 대한 믿음의 고백과 선포가 한 가지이고, 성자 예수님에 대한 믿음의 고백과 선포가 여섯 가지입니다. 그리고 성령 하나님에 대한 믿음의 고백과 선포가 한 가지이고, 교회와 성도에 대한 믿음의 고백과 선포가 네 가지입니다. 이 열두 개의 고백은 열두 개의 미혹에 대한 강력한 한방의 펀치입니다. 가만히 들어와 우리의 신앙을 흔들며 하나님의 사람들을 무너뜨리고 교회를 파괴하려 하는 악한 것들의 공격에 대응하는 강력한 고백이요, 선포인 것입니다.

우리에게는 우리를 미혹하고 공격하는 악한 것들에 대해 우리가 믿는 바를 단호하게 고백하고 선포하는 것 외에는 다른 무기가 없습니다. 초대 교회 때부터 제국이, 온 세상이 강력하게 성도들을 무너뜨리고 교회를 변질시키려 할 때마다 교회와 성도들은 이 선명한 신앙 고백으로 그 악한 것들을 이기며 자신들이 가진 신앙의 본질을 지켜 왔습니다. 이 신앙 고백을 붙들었기에 이천 년의 세월이 흘렀어도 교회와 성도는 변함없이 동일한 것입니다.

우리는 이러한 우리의 신앙을 매일 고백하고 선포해야 합니다. 이러한 고백은 우리로 하여금 이 혼란하고 어려운 시간들을 넉넉히 이기고 나아가게 해 줄 것입니다.

● 사도신경은 성경적인 근거를 가지고 믿는 도리를 고백하는 면에서 '신경'이라고 합니다.

● '신경'은 영어로 'Creed'인데 이는 라틴어 'Credo'에서 온 것입니다. 그 의미는 '교리, 신념, 신조'이기에 '신앙 고백' 혹은 '신조'라고 합니다.

● 사도신경의 근거와 근원은 사도들의 신앙 고백입니다.

● 사도신경은 열두 개의 '나는 믿는다'의 선포로 되어 있습니다.

● 성도들의 아름다운 연합, 즉 하나 됨을 위해 사도신경을 고백해야 합니다.

● 미혹하는 자와의 영적 싸움에서 이기기 위해 사도신경을 고백해야 합니다.

1. 자신을 소개하며 각자 살아온 신앙의 여정을 나누어 봅시다.

2. 예배 시간에 또는 개인적으로 사도신경을 고백했을 때 받은 특별한 은혜와 감동이 있다면 나누어 봅시다.

3. 사도신경은 열두 개의 '나는 믿는다'의 고백으로 되어 있습니다. 이 열두 개의 고백 가운데 믿음이 흔들리거나 어려운 상황에서 힘이 되어 준 고백이 있다면 무엇인가요?

4. 오늘날 사도신경을 배우고 고백해야 하는 이유는 무엇인가요?

# 2. / 전능하신 아버지 하나님

"아브람이 구십구 세 때에 여호와께서 아브람에게 나타나서 그에게 이르시되 나는 전능한 하나님이라 너는 내 앞에서 행하여 완전하라 내가 내 언약을 나와 너 사이에 두어 너를 크게 번성하게 하리라 하시니 아브람이 엎드렸더니 하나님이 또 그에게 말씀하여 이르시되 보라 내 언약이 너와 함께 있으니 너는 여러 민족의 아버지가 될지라 이제 후로는 네 이름을 아브람이라 하지 아니하고 아브라함이라 하리니 이는 내가 너를 여러 민족의 아버지가 되게 함이니라 내가 너로 심히 번성하게 하리니 내가 네게서 민족들이 나게 하며 왕들이 네게로부터 나오리라 내가 내 언약을 나와 너 및 네 대대 후손 사이에 세워서 영원한 언약을 삼고 너와 네 후손의 하나님이 되리라"(창 17:1-7).

　　　　사도신경은 하나님에게 드리는 우리의 신앙 고백입니다. 그러나 사실은 고백 형식으로 된 선포라고 할 수 있습니다.

　라틴어로 된 사도신경의 원문을 보면 'Credo', 즉 '나는 믿는다!'로 시작하고 있는데, 그 느낌은 앞에서 이야기했던 것처럼 아주 강력합니다. 더구나 사도신경은 이렇게 Credo로 시작해서 마지막은 Amen으로 끝이 납니다. 그래서 사도신경은 고백이면서 동시에 선포인 것입니다.

　이것을 단순히 고백이라 한다면, 이 고백을 듣는 대상은 '하나님' 한 분입니다. 그러나 이것을 선포의 의미가 담긴 고백이라 한다면, 이 고백을 듣는 대상은 사실상 네 부류입니다.

1. 하나님(삼위일체 하나님)

2. 대적(마귀)

3. 자기 자신(영혼, 의심하고 흔들리는 마음)

4. 다른 사람(믿는 사람, 믿지 않는 사람)

사도신경은 바로 이들 모두가 듣는 신앙 고백입니다. 그러므로 우리가 사도신경으로 신앙을 고백할 때는 이 사실을 염두에 두어야 합니다.

## 하나님 아버지를 고백하는 신앙

사도신경의 열두 개의 고백 및 선포 가운데 첫 번째는 '성부 하나님', 즉 '하나님 아버지'에 대한 고백입니다. 그런데 하나님 아버지에 대한 고백은 두 가지의 내용으로 되어 있습니다. 하나는 '전능하신'이고, 또 하나는 '천지의 창조주'입니다.

사도신경은 성부 하나님에 대한 신앙을 고백하면서 많은 것 중에 단 두 가지만을 언급하고 있습니다. 이것은 성부 하나님이 이 두 가지로 다 설명된다는 뜻이 아닙니다. 이 두 가지는 우리가 이 세상에서 온전한 신앙의 사람으로 살아가기 위해 꼭 붙들어야 할 성부 하나님에 대한 고백이라는 의미입니다.

간혹 신앙인들(특히 신학자들)이 영적인 진리를 이야기할 때 그 영적인 진리 전체를 다 설명하려 하는 경우가 있습니다. 하지만 인간은 그 영적인 진리를 절대로 다 알 수 없습니다. 특히 하나님에 대해서는 더더욱 그렇습니다. 그런데도 하나님에 대해 완전히 파악한 것처럼 말하려고 하는 것은 심각한 잘못입니다. 자신이 그 순간은 하나님보다 더 크고 전지전능하다는 뜻이기 때문입니다. 이는 너무나도 잘못된 마음이 아닐 수 없습니다.

우리는 영적인 진리에 대해, 특히 하나님에 대해 결코 다 알 수 없습니다. 다만 우리는 하나님이 알려 주시는 것, 즉 우리가 당면한 상황에서 하나님이 알게 하시는 만큼만 믿음으로 고백하는 것입니다. 그것이 바로 우리의 신앙 고백입니다.

신학생 시절 강의를 들으면서 정말 은혜 받았던 내용이 있습니다. 그것은 '신학'이라는 말에 대한 것입니다. '신학'은 영어로 '데오로지'(Theology)인데, 이것은 '데오스'(Theos, 하나님)와 '로고스'(Logos, 학문, 이론)가 합쳐진 말이라고 합니다. 여기서 중요한 것은 '데오스'를 주어로 볼 것인가, 아니면 목적어로 볼 것인가 하는 문제입니다. 일반적으로 사람들은 '데오스'를 목적어로 생각한다고 합니다. 그래서 신학을 '하나님을 연구하는 학문'으로 생각합니다. 그런데 이러한 해석은 심각한 오류를 가지고 있습니다. 인간이 어떻게 하나님을 연구해서 그분을 알고 파악할 수 있겠습니까? 인간이 하나님보다 더 크지 않고는 있을 수 없는 일이 아닙니까? 이처럼 신학을 하나님을 연구하는 학문으로 생각하는 것은 인간의 엄청난 교만인 것입니다.

따라서 '데오스'는 목적어가 아니라 주어로 해석해야 합니다. 신학은 '하나님을 연구하는 학문'이 아니라 '하나님이 알려 주신 이론, 학문'인 것입니다. 하나님이 이 땅을 살아가는 당신의 자녀들을 위해 하나님 당신에 대해, 영적인 진리에 대해 알려 주신 것, 그것이 바로 신학인 것입니다.

이와 같은 맥락에서 '계시'라는 말 또한 이해할 수 있습니다. '계시'는 헬라어로 '아포칼립시스'(ἀποκάλυψις)인데, '아포칼립시스'는 '아포'(ἀπό, ~로부터 벗겨 냄)와 '칼립토'(καλύπτω, 덮다, 가리다)라는 말의 합성어인 '아포칼립토'(ἀποκαλύπτω)에서 파생한 명사입니다. 이를 말 그대로 직역하면 '덮개를 벗겨 냄'이라는 뜻입니다. 그러니까 '덮개를 벗기고 그 안에 감추어져 있는 비밀한 것을 보게 하는 것', 그것이 바로 '아포칼립시스', 즉 계시의 의미인 것입니다. 그런데 여기서 중요한 것은 그 덮개를 누가 벗기느냐 하는 것입니다. 만일 그 덮개를 인간인 누군가가 벗겨 보겠다고 하면 그것이 바로 이단입니다. 교만의 죄악에 빠진 자인 것입니다. 계시에 있어서 '아포', 즉 그 덮개를 벗기시는 분은 오직 하나님 한 분 뿐입니다. 우리는 다만 하나님이 열어 주시는 만큼만을 볼 뿐입니다. 이것이 바른 신앙의 태도입니다.

그러므로 사도신경의 성부 하나님에 대한 두 가지 고백도 그것이 하나님의 모든 것이기에 고백하는 것이 아니라, 그 내용이 우리에게 너무나도 중요한 성부 하나님에 대한 고백이기에 하나님이 우리에게 그렇게 고백하게 하신 것임을 기억해야 합니다.


## 엘 샤다이, 전능하신 하나님

앞에서도 이야기했듯이, 성부 하나님에 대한 두 가지 고백 중 첫째는 바로 '전능하신 아버지 하나님'입니다. 우리는 이 장을 통해 '전능하신 아버지 하나님'에 대해 살펴볼 것입니다. 그리고 다음 장에서는 '천지를 만드신 하나님 아버지'에 대해 살펴볼 것입니다.

'전능하신 아버지 하나님'은 과연 어떤 하나님을 말하는 것일까요? 이것은 성경에 나오는 '엘 샤다이'(God Almighty, 전능하신 하나님)를 말하는 것입니다.

성경은 하나님을 여러 가지 이름으로 소개합니다. 어떻게 보면 하나님을 만나고 체험할 때마다 새로운 이름이 생겨날 만큼 성경에는 그분의 이름이 많이 등장합니다. 그런데 '엘 샤다이'라는 이름은 그중에서도 특별합니다. 이것은 하나님을 믿는 사람들의 공통적인 고백이 될 만큼 특별하고도 중요한 이름입니다. 그럴 수밖에 없는 것이, 이것은 하나님이 당신의 사람들과 언약을 맺을 때 드러내신 이름이기 때문입니다.

"아브람이 구십구 세 때에 여호와께서 아브람에게 나타나서 그에게 이르시되 나는 전능한 하나님이라 너는 내 앞에서 행하여 완전하라 내가 내 언약을 나와 너 사이에 두어 너를 크게 번성하게 하리라 하시니"(창 17:1-2).

성경에는 '엘 샤다이'라는 말이 자주 등장합니다. 이 중요한 이름이 처음으로 기록된 곳은 창세기 17장 1절로서, 하나님이 아브라함과 맺은 언약을 새롭게 강조하시는 바로 그때입니다. 그때 아브라함의 나이는 99세였습니다. 75세에 처음 언약을 맺고 24년이 지난 후 그 언약이 깨어지기 직전 가장 위기의 순간에 하나님이 아브라함을 찾아오셨습니다. 찾아와 다시 한번 그 언약을 새롭게 확인시켜 주면서 당신을 직접 소개하신 이름, 그것이 바로 '엘 샤다이'입니다.

'엘 샤다이'는 언약을 맺는 것과 연관된 이름입니다. 이는, 하나님과 하나님의 사람이 언약을 맺게 되면, 더 정확히 말해서 하나님에게 언약을 받음으로 그가 하나님의 사람이 되면, 그 순간 그에게 하나님은 반드시 '엘 샤다이', 즉 전능하신 하나님이어야 한다는 것입니다. 그럴 수밖에 없는 것이, 언약이 주어지면 그 언약은 반드시 이루어지지만, 중요한 것은 그 언약이 이루어질 때까지 언약을 받은 사람은 믿음으로 그 언약을 붙들고 있어야 하기에 그렇습니다. 이것이 바로 믿음입니다. 주신 언약이 반드시 이루어질 줄 알고 기다리는 바로 그 믿음 말입니다. 그런데 그렇게 믿음으로 기다리려면 언약을 주신 하나님이 '엘 샤다이', 곧 전능하신 하나님인 것을 온전히 믿어야 합니다. 그것을 아브라함의 이야기가 그대로 보여 주고 있습니다.

　아브라함이 언약을 받고 24년이 흘렀습니다. 하나님이 분명 자손을 주겠다고, 땅을 주겠다고, 복이 되게 해 주겠다고 약속하셨는데, 그래서 계속 믿고 따라왔는데, 땅이나 복이 되는 것은 말할 것도 없고 이제 99세라는 나이가 되면서 인간적으로 자녀를 낳을 수 있는 가능성마저 사라지고 있습니다. 이렇게 믿음이 흔들릴 때, 인간의 생각으로는 불가능하다고 여겨지는 그때, 그 믿음을 지킬 수 있는 유일한 방법은 바로 '엘 샤다이',

곧 전능하신 하나님뿐입니다.

그렇습니다. '엘 샤다이'의 신앙 고백 없이는 언약의 성취까지 제대로 갈 수 없습니다. 이것을 잘 보여 주는 찬양이 있습니다. 〈주님은 산 같아서〉(김준영 작사, 임선호 작곡)라는 제목의 찬양입니다.

안개가 날 가리워 내 믿음 흔들리려 할 때 나 주님께 나아가네
주님은 산 같아서 여전히 그 자리에 계셔 눈을 들면 보이리라
날 위한 그 사랑
주는 나의 도움이시며 주의 계획 영원하시네
주의 위엄 앞에 믿음으로 순종의 예배드리리
주님께서 날 이끄시며 주가 항상 함께하시네
주의 사랑 안에 믿음으로 순종의 예배드리리 영원히

우리의 마음이, 우리의 믿음이 흔들릴 때, 그때 버티고 이기고 끝까지 나아갈 수 있게 하는 힘은 바로 그 순간에도 산같이 버티고 계시는 주님을 바라보는 것입니다.

'엘 샤다이'에서 '샤다이'라는 말은 산을 뜻하는 아카드어 '사두'(Sadu)에서 나온 것이라 합니다. 그러니까 '엘 샤다이'는 바로 '산의 하나님, 산 같은 하나님'인 것입니다. 시편의 고백

그대로 "내가 산을 향하여 눈을 들리라 나의 도움이 어디서 올까"(시 121:1)인 것입니다. 우리가 흔들릴 때, 도움이 필요한 그때 산처럼 계시는 전능하신 하나님을 바라보며 나아가는 것이 바로 믿음인 것입니다.

## <u>I am Nothing의 믿음으로</u>

이 언약의 믿음으로 '엘 샤다이'를 고백하는 또 하나의 이유는, 언약이란 하나님과 관계를 맺는 것인데, 그 관계가 제대로 맺어지려면 하나님은 반드시 '전능하신 분'이어야 하기 때문입니다. 처음 인간이 죄를 범할 때부터 그 죄의 근본은 바로 '스스로 하나님이 되는 것'(Hybris)이었습니다. 선악과를 따 먹을 때의 그 중심의 악함은 그것을 따 먹고 눈이 밝아져 하나님처럼 되겠다는 것이었으니 말입니다. 이는 선악을 판단함에 있어 자기가 기준이 되고 진리가 되겠다는 것이었습니다.

앞서 '신학'과 '계시'에 대해 이야기했지만, 하나님의 전능하심을 인정하지 않는 것은 바로 자기가 하나님보다 더 전능하다는 교만이고, 이것은 하나님과의 관계를 파괴하는 가장 악한 죄입니다. 우상 숭배보다 더 나쁜 것은 스스로 하나님보다 더 똑똑하고 전능하다고 생각하는 것입니다. 결국 이것은 우상 숭배 중에 최고로 악한 '자기 스스로 우상이 된 자기 숭배'이기 때문입니다. 신앙의 기본은 '하나님은 전능하시고 나는 아무것도 할 수 없는 무력한 자'라는 고백에서 시작합니다.

인터넷에서 신앙에 관한 짧은 글을 읽은 적이 있습니다. 그리스도인인 글쓴이가 스스로를 돌아보던 중 너무나도 피곤하고 힘들고 지친 자신을 발견하게 되었습니다. 나름대로 열심히 산다고 살았는데 왜 갈수록 힘들고 어려운지…. 그런데 자신의 삶을 돌아보니 그동안 자기가 다른 사람들에게 자신의 가치를 입증하기 위해 너무 애쓰면서 살아왔음을 발견하게 되었습니다. 자신의 외모를 꾸미는 일부터 다른 사람의 SNS 메시지를 확인하는 것까지, 온통 사람들에게 자기가 얼마나 괜찮은 사람인지를 보여 주고 확인받기 위해 애쓰면서 살다 보니 계속해서 상처받고 스스로에게 실망하고, 정말이지 지치고 피곤할 수밖에 없었던 것입니다. 글쓴이는 신앙인답게 그 초점을 과감히 주님 앞으로 돌리고 그분에게만 나아가기로 결정했습니다. 그러면서 그 안에서 진정한 평강과 자유를 얻는 너무나도 귀한 메시지를 발견해 그것을 붙들게 되었습니다. 더 이상 지치거나 피곤해지지 않는, 신앙으로 바르게 설 수 있게 하는 너무나도 중요한 메시지! 그 메시지를 그 글의 제목으로 올려놓았는데, 그것은 바로 'I'm nothing but God is everything!'이었습니다.

그렇습니다. '전능하신 하나님'이라는 고백에는 '나는 아무것도 아닙니다. 나는 아무것도 할 수 없습니다. 오직 하나님만이 나의 전부입니다'라는 고백이 들어 있습니다. 그래서 바로 이 고백을 하는 순간 다음 네 가지의 역사가 일어나게 되는 것입니다.

1. 우리 하나님은 영광을 받으시고
2. 우리의 대적 마귀의 모든 궤계는 작동하지 못하고 실패하며
3. 우리의 내면, 속사람은 자유와 평강을 누리고
4. 우리 주변의 다른 사람들은 우리의 이런 모습에서 은혜를 받는다.

우리가 고백하는 사도신경은 바로 '전능하신 아버지 하나님을 나는 믿습니다'라는 이 고백으로부터 시작됩니다. 우리 신앙생활의 기본 중에 기본이 바로 이것입니다. 살아가면서 상황이 더 커 보이고 다른 사람들의 소리가 더 크게 들릴 때, 우리의 자아가 너무나 강하게 주장하며 판단하려 할 때, 그렇게 흔들리고 의심되고 우리의 힘으로 무언가를 움켜쥐고 싶을 때, 그때 이렇게 고백하며 선포하십시오.

"나는 전능하신 아버지 하나님을 믿습니다!"

● 사도신경의 원문은 '나는 믿는다!'로 시작됩니다. 이것은 사도신경
  이 고백이면서 동시에 선포임을 말해 줍니다.

● 사도신경의 고백을 듣는 대상은 넷입니다. 첫째는 하나님(삼위일체
  하나님)이며, 둘째는 대적(마귀)이며, 셋째는 자기 자신(영혼, 의심하고
  흔들리는 마음)이며, 넷째는 다른 사람(믿는 사람, 믿지 않는 사람)입니다.

● 사도신경의 열두 개의 신앙 고백 중에 첫 번째는 '성부 하나님'에
  대한 고백입니다.

● '성부 하나님'에 대한 고백은 두 가지로, 하나는 '전능하신'이고, 또
  하나는 '천지의 창조주'입니다.

● '전능하신 아버지 하나님'(엘 샤다이)은 언약을 맺는 것과 연관된 이름
  으로, 그 언약이 이루어질 때까지 그 이름을 온전히 믿어야 합니다.

● 우리의 신앙생활의 기본은 '전능하신 아버지 하나님을 믿습니다'
  라는 고백입니다.

1. 교회를 다니지 않는 친구에게 하나님을 한마디로 소개한다면 어떤 분이라고 말할 수 있나요?

2. '전능하신 아버지 하나님'은 당신에게 어떤 의미로 다가오나요?

3. 믿음이 흔들릴 때, 인간의 생각으로는 불가능하다고 여겨질 때, 그 믿음을 지킬 수 있는 유일한 방법은 '전능하신 하나님'입니다. '전능하신 하나님'에 대해 잘 표현된 찬양이 있다면 그 찬양과 함께 받은 은혜를 나누어 봅시다.

4. 'I'm nothing but God is everything!'이라는 고백이 당신의 삶에 어떤 영향을 주게 될지 나누어 봅시다.

# 3. / 천지를 만드신 하나님 아버지

"히스기야가 사자의 손에서 편지를 받아 보고 여호와의 성전에 올라가서 히스기야가 그 편지를 여호와 앞에 펴 놓고 그 앞에서 히스기야가 기도하여 이르되 그룹들 위에 계신 이스라엘의 하나님 여호와여 주는 천하만국에 홀로 하나님 이시라 주께서 천지를 만드셨나이다 여호와여 귀를 기울여 들으소서 여호와여 눈을 떠서 보시옵소서 산헤립이 살아 계신 하나님을 비방하러 보낸 말을 들으시옵소서 여호와여 앗수르 여러 왕이 과연 여러 민족과 그들의 땅을 황폐하게 하고 또 그들의 신들을 불에 던졌사오니 이는 그들이 신이 아니요 사람의 손으로 만든 것 곧 나무와 돌뿐이므로 멸하였나이다 우리 하나님 여호와여 원하건대 이제 우리를 그의 손에서 구원하옵소서 그리하시면 천하만국이 주 여호와가 홀로 하나님이신 줄 알리이다 하니라"(왕하 19:14-19).

신학교에서 구약 신학을 공부할 때 창세기 강해를 통해 큰 은혜를 받은 적이 있습니다. 교수님이 "땅이 혼돈하고 공허하며 흑암이 깊음 위에 있고 하나님의 영은 수면 위에 운행하시니라"(창 1:2)라는 말씀을 설명하면서 이것이 창조 이전의 상태를 묘사하는 말씀이라고 하시는데 정말 고개가 끄덕여지는 통찰이었습니다. 그렇지 않아도 성경을 읽으면서 이 말씀이 무슨 뜻인지 이해가 되지 않아 어려웠는데, '혼돈, 공허, 흑암, 깊음'이 창조 이전의 상태를 묘사한 것이라고 하니 너무 이해가 잘되는 것이었습니다.

그런데 거기에서 질문이 생겼습니다. '2절이 창조 이전을 묘사한 것이라면, 1절인 '태초에 하나님이 천지를 창조하시니라'

라는 말씀은 뭐지? 분명 1절에서 천지를 창조하셨다고 했는데 2절에 다시 창조 이전이 나오면 이것을 어떻게 이해해야 하지?' 이런 저의 질문을 예상했다는 듯이 교수님은 회심의 미소를 지으면서, "창세기 1장 1절이 무엇인지 의아할 텐데, 창세기 1장 1절은 일종의 제목, 신문으로 보면 헤드라인(headline)이라고 할 수 있다"라고 말씀하시는데, 정말 격한 공감과 함께 은혜가 되었습니다. 그런데 진짜 은혜는 그다음 말에서 받게 되었습니다. "그렇다고 한다면, '태초에 하나님이 천지를 창조하시니라'라는 이 구절은 성경 전체의 헤드라인이기도 하고, 우리 신앙의 가장 중요한 기본이기도 한 것이다!"

그렇습니다. 성경은 "태초에 하나님이 천지를 창조하시니라"라는 이 간단하지만 분명하고 단호한 선언으로 시작하고 있습니다. 이것이 바로 우리 신앙의 가장 중요한 핵심 고백임을 말해 주고 있습니다. 그렇기에 사도신경에서 열두 개의 '나는 믿는다'의 고백 가운데 그 첫 번째로 성부 하나님에 대해 '전능하신 아버지 하나님' 그리고 이어서 '천지의 창조주'를 믿는다는 고백을 하고 있는 것입니다.

많은 건강한 신학자들과 목회자들이 인정하는 대로, 사도신경은 성경의 가르침을 가장 잘 요약한 신앙 고백입니다. 이것은 단지 성경 말씀에 근거한 기독교 교리를 요약한 정도가 아니라, 성경 전체를 압축, 요약한 것이라고 할 수 있습니다. 심지어 그 순서까지도 성경과 동일하게 '천지의 창조주를 믿습니다'로 시작하고 있지 않습니까? 그만큼 사도신경은 우리의 신앙에 있어서 너무나도 중요한 믿음의 고백인 것입니다.


## 창조주를 고백하는 신앙의 중요성

기독교 신앙 역사 가운데서 영적으로 가장 많은 해악을 끼친 것 중에 하나는 바로 '진화론'입니다. 이것은 단지 하나님이 이 세상을 창조하셨다는 성경의 사실을 부정했다는 면에서 그런 것이 아니라, 우리 인간의 가치와 의미, 그래서 세상의 모든 방향을 다 망가뜨리는 타락과 죄악을 가져왔다는 면에서 아주 심각한 영적 해악을 끼친 것입니다.

그 대표적인 것 가운데 하나가 바로 '공산주의 유물론 사상'입니다. 진화론이 없었다면 공산주의 이데올로기는 나올 수 없었습니다. 그것을 잘 보여 주는 것이, 1859년에 다윈(Charles Robert Darwin)이 《종의 기원》이라는 책을 써서 생물학적인 진화론을 발표한 이후 13년 뒤인 1872년에 공산주의의 효시인 마르크스(Karl Heinrich Marx)의 《자본론》이 동일한 곳인 영국의 런던에서 출간되었는데, 마르크스는 이 책의 앞부분에 자필로 '존경하는 다윈 선생께 드립니다'라는 헌정사를 썼을 정도로 절대적인 영향을 받았습니다.

결국 인간은 하나의 동물적인 존재에 불과하고 물질은 모든 것의 근본적인 가치가 되기에 필요하면 인간의 개체를 얼마든지 숙청하고 개조할 수 있다고 보는 공산주의 이론에 근거해 구소련에서 2천만 명, 중국의 마오쩌둥(Mao Zedong) 치하에서 6천 5백만 명, 베트남에서 1백만 명, 북한에서 2백만 명(3백만 명의 아사자 제외), 캄보디아의 폴 포트(Pol Pot) 정권 하에서 2백만 명, 동구 공산 정권 하에서 1백만 명, 아프리카에서 150만 명 등 총 1억 명가량의 사람들이 학살당하는 끔찍한 범죄가 자행되었습니다. 바로 진화론 때문에 말입니다. 이뿐만이 아닙니다. 현대 문명의 타락과 인간 경시 풍조 그리고 말도 안 되는 일탈과 물질, 쾌락 중심의 사고는 모두 진화론에 의해서 만들어진 것입니다.

진화론은 하나님이 이 세상을 창조하셨다는 사실과 함께 정말 중요한 두 가지를 같이 부정합니다. 그러므로 우리가 사도신경을 고백하면서 '천지의 창조주를 믿습니다'라고 고백할 때, 이것은 무엇보다도 진화론에 의해 부정된 이 두 가지를 분명하게 고백하고 선포하는 것입니다. 그렇다면 그 두 가지는 과연 무엇일까요?

1. **하나님의 주권과 섭리:** 세상을 만드신 하나님이 이 세상의 주인이며, 지금도 세상을 경영하고 계시기에 그분의 말씀과 뜻을 따르고 순종해야 한다는 진리.

2. **인간의 가치:** 인간은 하나님의 형상대로 지어졌기에 그 가치와 존엄성은 절대적인 것이지만, 동시에 인간은 피조물이기에 절대자가 될 수 없다는 진리.

그렇습니다. 우리는 진화론이 판을 치는 세상 속에서 '천지의 창조주를 믿습니다'라고 고백하면서 바로 이 두 가지를 힘있게 인정하고 있는 것입니다. 그렇게 고백할 때 우리는 다음 두 가지의 영적인 자세를 가지고 살아가게 됩니다.

## 섭리를 인정하고 순종하는 신앙

하나님이 세상을 만드셨습니다. 그리고 우리를 지으셨습니다. 행복하고 아름답게 살도록 당신의 형상대로 지으셨습니다. 지으셨을 뿐 아니라 지금도 우리의 삶을 주장하고 인도하십니다. 이것이 바로 섭리입니다. 참신앙의 사람은 하나님의 섭리를 인정하고 그 섭리에 순종합니다. 그것이 진정한 신앙의 모습입니다.

저는 결혼 예배를 자주 인도합니다. 이것은 정말 큰 기쁨과 감사가 아닐 수 없습니다. 제가 결혼 예배를 인도할 때 이제 막 시작하는, 하나님의 꿈을 이루어 드릴 꿈나무 같은 소중한 부부에게 항상 강조하는 내용이 있습니다. 그것은 바로 '하나님의 주권과 섭리를 인정하고 순종하는 것'입니다. 이것이 바른 결혼 생활을 해 나가는 마스터키와 같은 것이기 때문입니다.

아무리 콩깍지가 씌워져 결혼을 했어도 원치 않는 모습이나 상황들을 맞닥뜨릴 수밖에 없는 것이 인생입니다. 그런데 그런 상황에 직면하는 순간 심각한 위기를 맞게 됩니다. 잘못 선택한 것이 아닐까 하는 회의와 함께 예전에 유명 가전제품 광고 카피였던 '순간의 선택이 10년을 좌우한다'라는 말이 막 떠오르는 것입니다. 그럴 때 마귀가 역사하는 것입니다.

이런 순간을 이겨 낼 수 있는 유일한 처방은, 바로 살아 계신 하나님의 주권과 섭리를 인정하고 순종하는 것입니다. 그렇기에 우리는 '섭리의 하나님을 믿습니다. 섭리의 하나님에게 순종합니다'라고 고백하면서 나아가야 합니다. 이것은 비단 결혼 생활뿐 아니라 삶의 모든 영역에 적용되어야 하는 신앙의 모습입니다.

이것은 결코 운명론이나 숙명론이 아닙니다. 이것은 살아 계신 하나님에 대한 신뢰의 믿음입니다. 부정적이거나 소극적인 삶의 모습이 아니라, 가장 긍정적이고 적극적인 삶의 자세입니다. '천지의 창조주를 믿습니다'라고 고백하는 사람은 바로 이런 신앙의 자세로 살아가는 것입니다.


## 맡기신 사명을 감당하는 청지기 신앙

'천지의 창조주를 믿습니다'라는 고백에는 또한 우리에게 하나님이 창조하신 세상을 아름답게 관리하며 지켜야 하는 청지기의 사명이 주어졌음을 믿음으로 고백하는 내용이 포함되어 있습니다. 창세기 1-2장에 기록된 창조 이야기를 보십시오. 인간은 결코 세상의 주인이 아닙니다. 다만 하나님이 지으신 세상을 '다스리고 지키도록' 지음 받은 존재입니다. 이것이 바로 '하나님의 형상'대로 지어졌다는 것의 의미입니다.

'청지기.' 정말 정확한 단어입니다. 우리가 주인은 아니지만, 이 모든 것이 우리의 것은 아니지만, 하나님이 이 모든 것을 우리에게 맡기셨습니다. '천지의 창조주를 믿습니다'라고 고백하는 사람은 바로 이러한 신앙의 자세를 가져야 합니다. 그런데 이 청지기 신앙에는 서로 상반되는 것처럼 보이는 두 개의 신앙적인 특성이 있습니다. 이 둘을 끝까지 지켜야 청지기 신앙이라 할 수 있습니다.

### ●●● 영적인 권위와 권세를 가져야 한다

청지기에게 있어야 할 정말 중요한 것은 권위와 권세입니다. 하나님은 우리를 청지기로 세우면서 우리에게 당신의 권위와 권세를 주셨습니다. 우리는 이 권위를 결코 잃어버려서는 안 됩니다. 우리는 이 권세를 당당하게 사용해야 합니다.

본문인 열왕기하 19장은 앗수르의 왕 산헤립이 예루살렘을 공격할 때의 이야기입니다. 너무 위험하고 힘든 상황이었습니다. 그 당시 근동의 다른 나라들은 이미 다 멸망했고, 북 이스라엘 역시 벌써 패망한 상태였습니다. 예루살렘만 근근이 버티고 있었는데, 그것은 유다가 강해서가 아니라 너무 외진 곳에 위치한 작은 나라여서 아직 망하지 않고 있는 것뿐이었습니다. 이런 상황에서 산헤립이 유다를 모욕하고 협박하는 편지를 써 히스기야에게 보냈는데, 그 편지를 받은 히스기야는 인간적으로는 도저히 방법이 없어 여호와의 전으로 나아가 그 편지를 펼쳐 놓고 기도합니다. 그런데 그 기도의 내용이 우리에게 너무나 중요한 메시지를 전달합니다.

> "그 앞에서 히스기야가 기도하여 이르되 그룹들 위에 계신 이스라엘의 하나님 여호와여 주는 천하만국에 홀로 하나님이시라 주께서 천지를 만드셨나이다"(왕하 19:15).

여기서 주목해야 할 것은 바로 '주께서 천지를 만드셨나이다'라는 표현입니다. 왜 히스기야는 갑자기 하나님이 천지를 만드셨다는 내용을 선포하고 있는 걸까요?

신학생 시절 강의를 듣던 중 교수님이 이런 질문을 던지셨습니다. "성경에 나오는 하나님은 창조주와 구속주, 즉 창조하신 하나님과 구원하시는 하나님으로 나눌 수 있는데, 신앙의 사람이 삶에서 감당 못할 어려움에 빠졌을 때 이 두 하나님 가운데 어떤 하나님을 부른다고 생각하는가?" 순간적으로 들었던 생각은 '당연히 구원하시는 하나님을 부르지 않겠나' 하는 것이었습니다. 그런데 답은 제 생각과 달랐습니다. 잠깐의 시간이 지난 후, 교수님은 예레미야 32장 17절을 찾아 읽게 하셨습니다.

> "슬프도소이다 주 여호와여 주께서 큰 능력과 펴신 팔로 천지를

지으셨사오니 주에게는 할 수 없는 일이 없으시니이다."

예루살렘의 멸망을 예언하며 하나님 앞에서 기도하고 있는 예레미야의 간절한 기도인데, '주께서 큰 능력과 펴신 팔로 천지를 지으셨사오니'라는 말씀을 통해 그가 무엇보다 먼저 '창조주'를 찾고 있는 것을 볼 수 있습니다. 교수님은 바로 이 구절을 가지고 성경의 인물들, 특히 구약의 인물들은 힘들고 어려울 때 구속주보다 창조주 하나님을 먼저 찾는다고 강력하게 말씀하셨는데, 그때 제게 큰 은혜가 임하는 것을 느낄 수 있었습니다.

구약의 인물들은 왜 어려움 앞에서 창조주를 찾았을까요? 물론 우리를 지으신 하나님의 사랑 때문일 수도 있지만, 그것보다 그들은 '청지기의 영적인 권위와 권세'를 사용하고 있는 것입니다. 특히 히스기야의 기도에는 그런 영적인 권위와 권세가 그대로 드러나 있습니다. 상황은 아주 힘들고 어렵지만, 이 모든 것을 맡겨 주신 분이 하나님이기에 그 창조주 하나님을 선포하고 고백하면서 하나님이 주신 영적인 권위와 권세를 사용하고 있는 것입니다. '하나님이 맡겨 주시지 않았습니까? 하나님이 권세를 주시지 않았습니까? 하나님이 주신 권위와 권세를 지금 사용합니다. 역사해 주시옵소서!'

우리는 세상이 거짓을 진리인 것처럼 주장하는 시대를 살아가고 있습니다. 이러한 때에 우리는 하나님이 주신 청지기로서의 영적 권위와 권세를 온전히 붙들고 선포하며 간구해야 합니다. 이것이 신앙의 모습이요, 이것이 신앙인의 바른 자세입니다. 이 고백을 사도신경은 '천지의 창조주'라고 고백하면서 하고 있는 것입니다.

### ● ● ● 아무것도 주장하지 말아야 한다

청지기로서 끝까지 놓지 말아야 할 두 번째 자세는 '아무것도 주장하거나 요구하지 않는 것'입니다. 청지기가 조금이라도 자기 것이라고 주장하거나 열매를 자신의 것으로 챙기는 순간, 그것은 횡령이고 불충입니다. 완전히 망가지는 것입니다.

'천지의 창조주를 믿습니다'라는 고백에는 '나는 주인이 아닙니다. 내 것은 아무것도 없습니다. 오직 하나님이 주인이십니다'라는 고백이 들어 있습니다. 우리가 청지기의 신앙을 가지고 있다면, 권위를 가지고 열심히 최선을 다하면서도 절대 아무것도 주장하거나 열매를 챙겨서는 안 됩니다. '내 것이 아닙니다. 하나님의 것입니다. 내가 받을 영광이 아닙니다. 하나님만이 받으셔야 합니다. 나는 다만 그분에게 사용되었을 뿐입니다.' 이것이 우리의 고백이 되어야 합니다. 그 고백의 장소가 일터이건, 가정이건, 교회나 사역의 자리이건 상관없이 말입니다.

● '나는 천지의 창조주를 믿습니다'라는 고백은 진화론과 같은 사상
  에 하나님만이 창조주 되심을 선포하는 것입니다.

● 하나님의 창조주 되심을 고백하는 것은 그분의 섭리를 인정하고
  순종하는 신앙으로 살아간다는 뜻입니다.

● 하나님의 창조주 되심을 고백하는 것은 우리에게 이 세상을 아름
  답게 관리하고 지키라는 청지기의 사명이 주어졌음을 선포하는 것
  입니다.

● 하나님은 청지기의 사명을 주실 때 당신의 권위와 권세도 함께 주
  셨습니다.

● 청지기의 사명은 자신이 주인이 아니라 오직 하나님만이 주인되심
  을 고백하는 것입니다.

1. 하나님이 창조주이심을 거부하려는 죄악의 습성은 인류의 어떤 사상들로 표현되었나요?


2. 당신은 삶에 일어나는 수많은 일들에 대해서 "나는 하나님의 주권과 섭리를 믿습니다"라고 고백하고 있나요? 당신이 하나님의 섭리를 불신앙할 때는 언제였나요?


3. 당신이 청지기로 부름 받았다는 것을 생각할 때, 당신은 당신에게 주어진 재물과 가정, 직장, 진로 등을 하나님의 청지기로서 사용하며 감당하고 있나요?


4. 당신의 삶에서 하나님의 창조주 되심에 대한 고백을 회복해야 할 가장 절실한 영역은 무엇인가요?

# 4. / 하나님의
유일하신 아들,
우리 주 예수 그리스도

"말씀이 육신이 되어 우리 가운데 거하시매 우리가 그의 영광을 보니 아버지의 독생자의 영광이요 은혜와 진리가 충만하더라 요한이 그에 대하여 증언하여 외쳐 이르되 내가 전에 말하기를 내 뒤에 오시는 이가 나보다 앞선 것은 나보다 먼저 계심이라 한 것이 이 사람을 가리킴이라 하니라 우리가 다 그의 충만한 데서 받으니 은혜 위에 은혜러라 율법은 모세로 말미암아 주어진 것이요 은혜와 진리는 예수 그리스도로 말미암아 온 것이라 본래 하나님을 본 사람이 없으되 아버지 품속에 있는 독생하신 하나님이 나타내셨느니라"(요 1:14-18).

이 장에서는 사도신경의 열두 개의 '나는 믿는다'라는 고백 가운데 두 번째 고백을 함께 나누려고 합니다. 이 고백은 성부 하나님에 대한 첫 번째 고백에 이어서 나오는 성자 예수님에 대한 여섯 개의 신앙 고백 가운데 첫 번째 것입니다.

사도신경의 주된 내용은 바로 '성자 예수님'에 대한 신앙 고백입니다. 이유는 성자 예수님이 삼위 하나님 가운데 가장 중요해서가 아니라, 사도신경을 고백해야만 했던 그 당시에 성자 예수님에 대한 미혹과 공격이 가장 심했기 때문입니다. 다시 말하면, 신앙생활을 하는 데 있어 우리의 신앙을 흔들고 무너뜨리기 위해 악한 것이 공격하는 포인트가 성자 예수님에게 집중되어 있기에 그런 것입니다. 옛날만이 아니라 지금도 그렇습니다.

성자 예수님에 대한 여섯 개의 신앙 고백 가운데 첫 번째에 해당하는 이 두 번째 고백 안에는 뒤이어 나오는 다섯 가지 고백에 해당하는 아주 중요한 고백이 담겨 있습니다. 그것은 '우리 주 예수 그리스도를 믿습니다'라는 고백입니다.

그렇습니다. 성자 예수님에 대한 기본적이고도 가장 중요한 고백은 '주, 예수, 그리스도'입니다. 이것은 우리가 구원받기 위해 반드시 해야 할 절대적인 신앙 고백입니다.


## 주 예수 그리스도를 고백하다

우리는 어떻게 해야 구원을 받습니까? 어떻게 해야 그리스도인이 되며, 어떻게 해야 하나님의 자녀가 될 수 있습니까? 어떻게 해야 거듭남을 경험한 후 천국 백성이 되어 영원한 생명을 누릴 수 있습니까? 그것은 바로 '예수 그리스도를 자신의 구주로 인격적으로 영접하는 것'입니다. 여기에 들어 있는 핵심은 '주, 예수, 그리스도' 이 세 가지입니다. 이것을 좀 더 구체적으로 살펴보겠습니다.

### ●●● 예수

이천 년전, 정확히는 알 수 없으나 주전 4년경 유대 땅 베들레헴에서 태어나 나사렛에서 성장하신 분! 나사렛 예수라고 일컬어지는 그분을 말하는 것입니다. 요한에게 세례 받으시고, 천국 복음을 전파하시고, 제자들을 세우시고, 그러다가 잡혀서 고난당한 후 십자가에서 죽으신 바로 그분을 말하는 것입니다.

### ●●● 그리스도

그 예수가 구약에 그렇게 많이 예언되었던 메시아(그리스도), 즉 하나님이 당신의 백성을 구원하기 위해 당신의 때에 이 땅에 친히 보낼 구원자이심을 믿는다는 고백입니다. '예수 그리스도'는 호칭이 아닙니다. 어떤 사람은 예수가 이름이고 그리스도가 성인 줄 아는데, 절대 그렇지 않습니다. '예수 그리스도'는 '예수가 그리스도이십니다'라는 고백입니다. 이 고백은 베드로를 비롯한 모든 사도들의 고백의 핵심입니다. 물론 사도신경의 핵심이기도 합니다.

### ●●● 주

우리가 구원을 받기 위해서는 '예수가 그리스도이십니다'라는 고백만으로는 충분하지 않습니다. 아무리 그 고백이 이 세상을 구원하기 위해 이 땅에 오신 하나님을 믿음으로 고백하고 인정하는 것이라 해도 그 구원의 역사가 우리 자신에게는 적용되지 않기 때문입니다. 그 구원의 역사와 은혜가 적용되기 위해서는 예수 그리스도가 나의 주님이시라는 고백이 있어야 합니다. 다른 것은 안 됩니다. 오직 이 한 가지, 주님이셔야 합니다. 그래야 인간을 구원하기 위해 이 땅에 오신 예수 그리스도의 구원의 은혜가 나를 구원할 수 있습니다.

이것은 마치 보험을 드는 것과 같습니다. 아무리 기가 막힌 혜택을 주는 보험이 있다 할지라도 그 보험에 가입하지 않으면 나와 상관이 없는 것입니다. 보험에 가입해야 그 보험의 혜택이 나에게 주어지는 것입니다. '예수가 그리스도이십니다'라는 고백은 기가 막힌 혜택을 주는 보험과 같습니다. 예수 그리스도를 나의 주님이라고 고백하는 것은 바로 그 보험에 가입하는 것입니다.

'우리 주 예수 그리스도를 믿습니다'라는 고백은 성자 예수님에 대한 기본적인 고백이면서 동시에 사도신경 전체의 핵심 가운데 핵심입니다. 이것은 인간이 이 세상을 살아가는 동안에 반드시 한 번은 해야 할 고백입니다. 아무리 열심히 살았어도 삶에 이 고백이 없다면, 그의 삶은 결국 사망과 지옥으로 끝나고 마는 실패와 허무일 뿐입니다. 이 고백의 유무에 따라 그의 구원이 결정되기에 그렇습니다.

그렇기에 사도신경을 고백하면서 이 고백을 새삼스럽게 다시 고백하는 것은 너무나도 중요합니다. 혹시 고백을 안 했을까 봐 불안해서 확인하는 것이 아니라, 그렇게 고백한 자로서 그 구원의 은혜를 온전히 누리기 위해서입니다.

## 하나님의 유일하신 아들

사도신경은 두 번째 고백으로 성자 예수님에 대한 기본적이고 핵심적인 고백을 하면서 한 가지 사실을 먼저 말하고 있습니다. 그것은 바로 그분이 '그의 유일하신 아들'이라는 것입니다. 개정되기 이전에는 '그 외아들'이라고 번역했고, 우리에게 익숙한 한자 표현은 '독생자'입니다.

먼저 분명히 알아야 할 것은, 이 '독생자'라는 표현은 비유라는 것입니다. 실제로 성부 하나님이 아버지이고 성자 예수님이 아들인 것이 아니라, 삼위 하나님의 신성과 그 역사하심에 대해 우리가 부분적이지만 이해할 수 있도록 하기 위해 성경에서 사용한 비유인 것입니다.

예전에 한 신앙 간증 잡지에서 한 남자 집사님이 자기 아버지를 전도한 내용의 글을 읽은 적이 있습니다. 이분은 시골에서 태어나 성장한 후 대학에 진학하며 서울로 오게 되었는데, 대학에 와서 예수님을 믿게 되었습니다. 그렇다고 대단한 열심이 있었던 것은 아닌데, 믿음이 좋은 아내를 만나면서 신앙이 더 깊어졌고, 또 제자 훈련을 하는 교회에 다니면서 정말 헌신된 그리스도인이 되었습니다. 이분의 기도 제목은 고향에 계신 부모님을 전도하는 것이었습니다. 특히 유교적인 전통에 깊이 빠져 있는 아버지를 전도하는 것이 너무나 절실한데, 솔직히 가능성이 없다는 생각이 절로 드는 상황이었습니다. 하지만 말씀을 배운 대로 기도하면서 계속 전도한 결과 드디어 부모님이 예수를 믿게 되었습니다. 완강하게 거부하고 끈질기게 버티시던 아버님이 아들과 며느리와 손주들의 지속적인 기도와 전도로 결국은 무너져, 어느 날 믿겠다고 하고는 집 근처에 있는 교회에 출석하기 시작하신 것입니다.

너무 감사하고 꿈만 같았던 어느 날, 시골집에 방문한 집사님이 아버지의 신앙 상담에 웃음이 빵 터지고 말았다고 합니다. 그때가 명절이어서 온 가족이 함께 모여 제사가 아닌 예배를 드리고 식사를 하는데, 그동안은 아들 집사님이 기도하다가 이번에는 아버님에게 기도를 부탁드렸다고 합니다. 그것이 성경적이니까 해 달라고 하면서 말입니다. 처음에는 못 한다고 하던 분이 성경적이라는 말에 결국 허락하시고는 많이 고민하면서 나름 준비하시는 눈치였답니다. 그런데 아버님이 아들 집사님을 조용히 부르더니, "얘, 내가 한 가지 물어볼 것이 있다. 네가 기도하는 것을 들어 보니 너는 '하나님 아버지'라고 부르던데, 그러면 나는 '하나님 형님'이라고 해야 하냐?" 하고 물으시더랍니다. 농담이 아니라 족보와 촌수에 밝으신 분이 정말 고민스러워서 물어 온 질문인데, 그때 그 집사님은 아버님의 신앙이 너무 귀하고 순수해서 눈물이 날 만큼 감사했다고 합니다.

성자 예수님을 '그의 유일하신 아들', 즉 '독생자'라고 한 것은 비유일 뿐입니다. 그러나 이것은 단지 이해를 돕기 위해 사용된 비유가 아니라, 우리가 올바른 신앙생활을 하도록 돕기 위해 구체적으로 제시된 너무나도 중요한 비유입니다. 실제로 이 땅에 인간의 몸을 입고 온 하나님이신 예수 그리스도에 대해 하늘의 하나님은 "이는 내 사랑하는 아들이요 내 기뻐하는 자"(마 3:17)라고 성령으로 말씀하셨고, 예수님은 하늘의 하나님을 아버지라고 부르면서 기도하고 예배하고 순종하셨으니 말입니다. 이는 단지 설명을 위한 비유가 아니라, 실제적인 진리를 나타내고 실행하기 위한 비유인 것입니다. 그래서 우리는 우리 주 예수 그리스도를 믿는다고 고백하면서 '그의 유일하신 아들'이라는 비유를 신앙 고백으로 함께 드리는 것입니다.

앞에서도 강조해서 이야기했지만, 우리가 여기서 분명히 알아야 할 것은, 이것은 절대로 '성자 예수님'을 영화롭게 하고 높이기 위해 드리는 신앙 고백이 아니라는 것입니다. '예수님은 놀랍게도 하나님의 유일한 아들이셔. 정말 대단해. 누구도 침범할 수 없는 위치에 계신 거잖아?' 이런 생각은 잘못된 것입니다. 예수님은 우리가 높이고 인정해 드려야만 영광 받고 만족해하는 분이 아니십니다. 다만 우리가 신앙을 고백하면서 '그의 유일하신 아들'이라고 선포해야 하는 이유는, 바로 거기에 우리에게 주신 너무나도 중요한 메시지가 들어 있기 때문입니다.

성경에 기록된 독생자에 대한 말씀에는 여러 가지의 영적인 의미가 담겨 있는데, 가장 중요한 것은 두 가지입니다. 바로 그 두 가지 의미가 사도신경의 신앙 고백 안에 들어 있습니다.

"말씀이 육신이 되어 우리 가운데 거하시매 우리가 그의 영광을 보니 아버지의 독생자의 영광이요 은혜와 진리가 충만하더라"(요 1:14).

예수님은 말씀이 육신이 되어 우리 가운데 거하는 유일한 분이십니다. 즉 인간은 하나님에게 나아갈 수 없기에, 그래서 구원을 받을 수 없기에 하나님이 인간의 몸을 입고 우리의 시간과 공간 속으로 친히 들어오셨습니다. 이것은 역사상 딱 한 번 일어난 일입니다. 이것을 강조한 말씀이 요한복음 1장 18절입니다.

"본래 하나님을 본 사람이 없으되 아버지 품속에 있는 독생하신 하나님이 나타내셨느니라."

그러면 성경은 왜 하나님이 육신을 입고 우리 가운데 오셨다는 것을 말하면서 계속 '독생자', 즉 '유일하신 아들'임을 강조하는 걸까요? 그것은 바로 속이고 미혹하는 자들 때문입니다. 하나님은 육신으로 오시지 않았다고 미혹하는 자들을 비롯해서 하나님이 아닌데 하나님인 것처럼 속이면서 여기저기서 자신이 '예수'라고 미혹하는 악한 것들이 많기 때문입니다. 교회사를 보면 이단의 가장 많은 유형이 바로 이 성자 예수님을 사칭하고 왜곡하는 것이었습니다. 오죽하면 예수님이 직접 이에 대해 경고를 하셨겠습니까?

> "그때에 사람이 너희에게 말하되 보라 그리스도가 여기 있다 혹은 저기 있다 하여도 믿지 말라 거짓 그리스도들과 거짓 선지자들이 일어나 큰 표적과 기사를 보여 할 수만 있으면 택하신 자들도 미혹하리라"(마 24:23-24).

지금도 마찬가지입니다. 이단들은 다 예수님을 사칭합니다. 신천지, 하나님의 교회, JMS와 같은 것들이 다 여기에 해당합니다. 이것들이 문제가 되는 것은 그것들이 진짜 성자 예수님을 사칭한 가짜, 즉 사이비여서도 그렇지만, 그렇게 해서 신앙인들의 영혼을 노략질하는 악한 것들이기 때문에 더 그렇습니다. 진품이냐 아니냐의 문제보다 생명을 노략질하는 그것이 더 심각한 문제인 것입니다.

그렇기에 사도신경에서 '그의 유일하신 아들'을 믿음으로 고백하는 것은 정말 중요합니다. 그 악한 것들이 감히 찝쩍거

리거나 간을 볼 수 없도록 신앙을 고백할 때마다 아주 분명하게 '나는 그의 유일하신 아들, 우리 주 예수 그리스도를 믿습니다'라고 고백해야 하는 것입니다.

### ●●● 우리를 사랑하시는 분

"하나님이 세상을 이처럼 사랑하사 독생자를 주셨으니 이는 그를 믿는 자마다 멸망하지 않고 영생을 얻게 하려 하심이라"
(요 3:16).

'독생자'라는 단어에는 우리를 향한 하나님의 사랑이 그대로 들어 있습니다. 하나님은 우리를 구원하기 위해 십자가에 당신의 외아들, 아니 당신 자신을 매다셨습니다. 그리고 생명을 버리셨습니다. 독생자라는 말은 바로 그 가늠할 수 없는 사랑을 나타내는 것입니다.

세상적인 기준으로 볼 때 외아들은 부모의 가장 소중한 존재입니다. 부모 자신들보다 더 중요한 존재입니다. 그래서 하나님은 아브라함에게 독자 이삭을 바치라는 엄청난 시험을 하셨던 것입니다. 그를 넘어뜨리려 하신 것이 아니라, 그에게 그런 사랑의 고백을 할 수 있는 기회를 주시기 위해서 말입니다.

하나님은 모리아 산에서의 사건을 진행하면서 이미 갈보리 산에서 당신의 외아들을 죽이면서 우리를 구원하실 그 은혜를 언약으로 선포하셨습니다. 당신의 외아들을 대신 죽이면서 우리를 구원하신 것, 그것이 하나님의 사랑이고 은혜입니다. 그 사랑을 다시 한 번 온전히 누리는 것, 그것이 바로 '나는 그의 유일하신 아들, 우리 주 예수 그리스도를 믿습니다'라고 고백하는 것입니다.

이 고백을 하는 사람은 외로울 수 없습니다. 이 고백을 하는 사람은 어떤 상황에서도 결코 버림받지 않습니다. 이 고백을 하는 사람은 가진 것이 아무것도 없고 이룬 것이 없어도 세상이 감당할 수 없이 존귀합니다. 이 고백을 하는 사람은 그래서 반드시 행복해야 합니다. 이것이 '그의 유일하신 아들, 독생자'에 담긴 비밀입니다.

이 단순한 믿음의 고백이 세상의 복잡하고 교활하고 어려운 것들을 이기면서 천국으로 가게 하는 영적인 능력, 무기, 방법이라 한다면, 우리는 가장 강력한 고백을 나눈 것입니다. '나는 그의 유일하신 아들, 우리 주 예수 그리스도를 믿습니다'라는 고백을 끝까지 흔들리지 말고 힘 있게 선포하며 나아가십시오.

성자 예수님에 대한
기본적이고도 가장 중요한 고백은
'주, 예수, 그리스도'입니다.
이것은 우리가 구원받기 위해
반드시 해야 할
절대적인 신앙 고백입니다.

● "하나님의 유일하신 아들, 우리 주 예수 그리스도를 믿습니다"라는 고백은 성자 예수님에 대한 여섯 개의 고백 중 첫 번째 고백입니다.

● '예수'는 이천 년전 베들레헴 땅에서 태어나신 그분을 말하는 것이고, '그리스도'는 그분의 메시아 되심을 말하는 것이고, '주'는 그분을 나의 주님으로 고백하는 것입니다.

● '독생자'라는 표현은 진리를 나타내고 실행하기 위한 '비유'입니다.

● '독생자'는 말씀이 육신이 되어 우리 가운데 거하시는 유일한 분임을 말해 주고 있습니다.

● '독생자'는 가장 소중한 존재를 뜻합니다. 독생자를 주셨다는 것은 하나님의 사랑과 은혜가 얼마나 깊은지를 말해 줍니다.

1. 예수님이 '하나님의 독생자'라고 했을 때 그것은 무엇에 대한 비유인지 나누어 봅시다.

2. 당신은 예수님에 대해 신앙 고백을 할 때 어떤 부분에서 가장 깊은 감동과 은혜를 경험하나요? 그 이유는 무엇인가요?

3. 하나님이 가장 아끼는 예수 그리스도를 우리를 위해 주셨다는 진리는 당신에게 어떤 위로를 주나요? 당신은 스스로를 평가하고 바라볼 때 어떤 생각을 갖나요?

4. 당신이 가장 아끼는 것(가치 있는 것)을 누군가를 위해 희생하거나 헌신한 적이 있나요? 그런 경험이 있다면 나누어 봅시다.

# 5. / 성령으로 잉태되어 동정녀 마리아에게서 나시고

"예수 그리스도의 나심은 이러하니라 그의 어머니 마리아가 요셉과 약혼하고 동거하기 전에 성령으로 잉태된 것이 나타났더니 그의 남편 요셉은 의로운 사람이라 그를 드러내지 아니하고 가만히 끊고자 하여 이 일을 생각할 때에 주의 사자가 현몽하여 이르되 다윗의 자손 요셉아 네 아내 마리아 데려오기를 무서워하지 말라 그에게 잉태된 자는 성령으로 된 것이라 아들을 낳으리니 이름을 예수라 하라 이는 그가 자기 백성을 그들의 죄에서 구원할 자이심이라 하니라 이 모든 일이 된 것은 주께서 선지자로 하신 말씀을 이루려 하심이니 이르시되 보라 처녀가 잉태하여 아들을 낳을 것이요 그의 이름은 임마누엘이라 하리라 하셨으니 이를 번역한즉 하나님이 우리와 함께 계시다 함이라"(마 1:18-23).

'복음은 스캔들이다'라는 말을 들어 본 적이 있습니까? 당신은 이것이 말이 된다고 생각합니까? 그런데 맞습니다. 복음은 스캔들입니다. 이것이 확실한 것은, 이것이 스캔들이 나오기에 적합한 싸구려 주간지나 유튜브의 자극적인 채널을 통해 이야기된 것이 아니라 성경에, 그것도 복음을 가장 잘 설명하는 바울 사도에 의해, 그것도 복음을 가장 잘 설명하고 있는 로마서를 통해 이야기되고 있기 때문입니다.

"기록된바 보라 내가 걸림돌과 거치는 바위를 시온에 두노니 그를 믿는 자는 부끄러움을 당하지 아니하리라 함과 같으니라" (롬 9:33).

이 말씀은 구약에서 메시아에 대해 가장 강력하게 예언한 이사야 8장 14절 말씀을 인용해서 말한 것입니다. 바로 이 말씀에 '복음은 스캔들이다'에 해당하는 표현이 나오는데, 그것은 '거치는 바위'라는 구절입니다. 여기서 '거치는'은 헬라어로 '스칸달론'(σκάνδαλον)이라 하는데, 이 말이 영어로 '스캔들'(scandal)이 된 것입니다.

그렇습니다. 복음은 스캔들이었습니다. 복음의 내용은 그것을 듣는 사람들을 시험에 빠지게 하는 것이었습니다. 인간적으로, 상식적으로 받아들일 수 없는 내용이 들어 있어 복음을 온전히 받아들이는 데는 정말 믿음이 필요했습니다. 그래서 때로 참 많은 사람이 복음을 들었음에도 불구하고 이 '거치는 바위' 때문에 걸려 넘어져서 결국에는 복음을 받아들이지 못하는 일이 있었던 것입니다.

이 부분을 가장 많이 고민했던 사람 가운데 하나가 바로 '바울 사도'였습니다. 그는 헬라의 합리적인 사고의 교육을 받은 데다가 유대교의 율법을 공부한 바리새인이었기 때문입니다. 그래서 그가 처음에 예수 그리스도를 믿는 사람들을 잡아 죽이려고 그렇게 난리를 쳤던 것입니다. 바로 그 복음 가운데 있는 스캔들 때문에 말입니다. 그래서 그는 로마서 9장에서 하나님의 선택된 백성이라고 자부하던 이스라엘이 복음을 받아들이지 못하고 거부한 결과 이것이 이방인에게로 향하게 되었다고 말합니다. 그러면서 이 모든 것이 하나님의 주권적인 선택임을 강조하는 동시에 로마에 있는 그리스도인들에게 '복음 안에 있는 스캔들'에 걸려 넘어지지 않기를 강조하고 있는 것입니다.

## 상식이 아닌 믿음으로

그렇다면 복음 안에 있는 스캔들이란 구체적으로 무엇을 말하는 것일까요? 바울 사도의 경우 그가 말한 '복음 안에 있는 스칸달론'은 대부분이 '십자가'입니다. 십자가야말로 복음을 듣는 사람으로 하여금 걸려 넘어지기 좋게 하는 스캔들이기 때문입니다.

> "우리는 십자가에 못 박힌 그리스도를 전하니 유대인에게는 거리끼는 것이요 이방인에게는 미련한 것이로되"(고전 1:23).

'십자가에 못 박힌 그리스도'는 특히 유대인들에게 있어 정말 '거리끼는 것'(스칸달론)이라는 말입니다. 이는 인간적인 상식과 생각으로는 도저히 받아들일 수 없는 것이기 때문입니다.

바울 사도가 말하는 '복음 안에 있는 스칸달론'이 또 하나 있습니다. 어쩌면 로마서 9장 33절의 '스칸달론'은 바로 이것일 수 있습니다. 그것은 바로 '성령으로 잉태되어 동정녀에게서 나신 것'입니다. 그렇게 볼 수 있는 근거는, 우선 로마서 9장 33절 말씀이 이사야 8장 14절 말씀을 인용한 것이라고 했는데, 이사야 8장 14절은 앞 장에 있는 "그러므로 주께서 친히 징조를 너희에게 주실 것이라 보라 처녀가 잉태하여 아들을 낳을 것이요 그의 이름을 임마누엘이라 하리라"(사 7:14)라는 말씀을 배경으로 하고 있기 때문입니다.

또 다른 근거는, 예수님 당시 예수님에 대한 이야기의 최대 스캔들은 바로 '성령으로 잉태되어 동정녀에게서 나셨다'는 성육신의 비밀이었습니다. 이것을 잘 보여 주는 것이 마가복음 6장 3절의 말씀입니다.

> "이 사람이 마리아의 아들 목수가 아니냐 야고보와 요셉과 유다와 시몬의 형제가 아니냐 그 누이들이 우리와 함께 여기 있지 아니하냐 하고 예수를 배척한지라."

이 말씀은 예수님이 공생애 사역을 시작할 때 고향에서 무시와 배척을 당하시던 모습을 기록한 것인데, '이 사람이 마리아의 아들 목수가 아니냐'라는 말은 사실상 '사생아'라는 조롱의 말입니다. 이는 아버지 요셉이 아닌 어머니 마리아의 아들이라고 되어 있는 내용을 통해 알 수 있는 사실입니다.

실제로 초대 교회 당시 이 '성령으로 잉태되어 동정녀에게서 나신 것'은 정말 말이 많았던 스캔들이었습니다. 말이 안 되는 이야기이니 말입니다. 어떻게 처녀가 임신을 해서 아이를 낳을 수 있겠습니까? 그래서 나돌았던 이야기 중에 하나가, 예수님이 사실은 갈릴리에 주둔하던 로마 군병과 마리아 사이에 태어난 존재라는 말들이었습니다. 로마 군병이 마리아를 임신시킨 후 그 힘으로 요셉을 협박해 정혼자 마리아를 받아들이게 하고, 그러면서 성령으로 잉태된 것이라고 거짓말을 지어냈다는 것입니다. 하지만 이는 그리스도인들을 박해하고 비참하게 하려고 악한 것들이 지어 낸 이야기였습니다.

이처럼 '성령으로 잉태되어 동정녀 마리아에게서 나신 것'은 정말 '십자가에 달리신 그리스도'와 함께 복음 안에 있는 또 하나의 아주 강력한 '스칸달론'이었습니다. 복음을 받아들이고 구원을 받으려면 반드시 믿음으로 넘어야 하는 걸림돌 말입니다. 그래서 사도신경에서는 성자 예수님에 대한 믿음을 '성령으로 잉태되어 동정녀 마리아에게서 나시고'라고 고백하는 것입니다.

## 동정녀 탄생의 이유

그런데 하나님은 왜 이런 걸림돌을 두신 걸까요? 왜 굳이 성령
으로 잉태되어 동정녀 마리아에게서 나시는 방법으로 이 세상
에 오신 걸까요?

한 가지 분명한 것은 '기사와 표적', 즉 초자연적인 기적을
통해 사람들을 놀라게 하려고 그러신 것은 아니라는 사실입
니다. 보통은 이런 생각을 많이 합니다. '예수님은 역시 이 땅
에 오실 때 평범하게 오지 않고 특별하게 오셨어.' 마치 수많은
영웅들이 특별한 스토리를 가지고 태어나듯이, 예수님도 그
런 맥락에서 동정녀 탄생을 했다는 것입니다. 결코 그렇지 않
습니다. 하나님이 사람들을 놀라게 하려고 초자연적인 기적을
행하신 적이 단 한 번도 없으셨던 것처럼, 이 동정녀 탄생의 역
사도 그런 기적을 통해 예수님을 돋보이게 하려는 것이 아니
었습니다. 혹시 그렇다 해도, 실제로 동정녀 탄생 때문에 겪게
된 많은 어려움들을 보면 그런 식의 기적은 행해져서는 안 되
는 것이었습니다.

그러면 왜 그러셨을까요? 여기에는 양보할 수 없는 너무나도 중요한 영적인 이유가 있습니다. '원죄'라는 말을 들어 본 적이 있을 것입니다. 죄를 지어서 갖게 되는 죄가 아닌, 죄 가운데 태어나서 갖게 되는 죄 말입니다. 결국 영적인 면에서 정말 중요한 것은 바로 이 '원죄'입니다. 이 원죄를 처리하지 않고는 구원의 역사가 있을 수 없기 때문입니다.

성경에 나오는 수많은 죄는 크게 '자범죄'(自犯罪)와 '고범죄'(故犯罪)로 나눌 수 있는데, 이 두 죄의 뿌리는 바로 '원죄'입니다. 그런데 문제는, 자범죄와 고범죄는 인간의 노력 또는 처벌 등으로 쉽진 않아도 어떻게든 막을 수 있는데, 그 뿌리가 되는 원죄는 인간의 노력이나 처벌 등으로는 쉽게 처리할 수 없다는 것입니다. 마치 유전자처럼 태어나면서 가지고 있는 죄이기에 죽는 것 외에는 처리 방법이 없는 것입니다.

참 고약하게도 첫 사람인 아담이 죄를 범했습니다. 두 번째 사람만 되었어도 범죄하지 않은 첫 번째 사람의 혈통을 찾아가면 그 원죄를 벗어날 길이 있을 텐데, 첫 사람 아담이 범죄했기에 그의 후손으로 나오는 모든 사람은 태어나는 순간 죄의 혈통을 갖게 돼 아담에게 임한 사망의 저주, 그 심판을 피할 수 없는 것입니다.

이런 이유로 인간을 구원하기 위해 하나님이 친히 인간의 몸을 입고 이 땅에 오실 때 아담의 후손, 그 혈통으로는 오실 수가 없었던 것입니다. 만일 그랬다면 하나님도 태어나는 순간부터 원죄를 가지고 있을 수밖에 없으니 말입니다. 그랬다면 다른 사람의 죄를 해결하는 대속의 역사를 감당할 수 없으셨을 것입니다. 그래서 하나님은 정말 특단의 방법을 쓰신 것입니다. 엄청난 스캔들을 각오하면서 성령으로 동정녀인 마리아를 통해 이 땅에 오신 것입니다. 요셉의 혈통이 아닙니다. 아담의 후손이 아닌 것입니다.

그러므로 예수님은 인간으로 오셨지만 원죄가 없는 분이셨습니다. 예수님은 십자가에서 죗값으로 처형되어 죽으셨지만, 당신의 죄 때문이 아니라 누군가를 위해 대신 죽으며 죗값을 갚으신 것입니다. 그 누군가가 바로 '주 예수 그리스도'라고 고백한 사람들입니다. 바로 저와 당신인 것입니다.


## 동정녀 탄생을 고백하는 것의 의미

사도들이 '성령으로 잉태되어 동정녀 마리아에게서 나시고'라고 신앙을 고백한 데에는 다음 세 가지의 영적인 의미가 담겨 있습니다.

남자를 알지 못하는 처녀가 성령으로 임신이 되어 아들을 낳는 일은 인간의 상식과 판단으로는 절대로 있을 수 없는 일입니다. 그런데 하나님은 너무나도 중요한 영적인 이유 때문에 그런 초자연적인 방법을 택하셨습니다. 그러므로 '성령으로 잉태되어 동정녀 마리아에게서 나시고'라는 이 고백은 '나의 인간적인 판단과 생각을 하나님의 역사하심 앞에 내려놓는다'는 뜻입니다.

믿음은 이해가 되지 않아도 믿는 것입니다. 순종은 납득이 되지 않아도 기꺼이 하는 것입니다. 신앙은 나의 생각과 경험의 한계를 넘어선 그 세계의 이야기인 것입니다.

'성령으로 잉태되어 동정녀 마리아에게서 나시고.' 이것은 말이 안 되는 이야기입니다. 인간의 상식선에서는 있을 수 없는 일입니다. 그럼에도 '나는 우리 예수님이 성령으로 잉태되어 동정녀 마리아에게서 나셨음을 믿습니다'라고 고백하면서 하나님의 역사하심과 섭리 앞에 나의 생각, 나의 판단, 나의 자아를 내려놓는 것입니다. 이것이 이 고백의 의미인 것입니다.

우리는 인생을 살면서, 신앙생활을 하면서 합리적이어야 합니다. 결코 불합리하고 미신적인 신앙을 가져서는 안 됩니다. 그러나 이 합리성과 이성과 자아를 소중하게 여기고 잘 사용하되, 하나님의 역사하심 앞에서는 언제든지 그것을 내려놓을 수 있어야 합니다. 베드로처럼 "선생님 우리들이 밤이 새도록 수고하였으되 잡은 것이 없지마는 말씀에 의지하여 내가 그물을 내리리이다"(눅 5:5)라고 고백하는 것이 사도들이 가진 신앙의 핵심입니다. 도마처럼 그렇게 고집하고 주장하던 이성과 경험을 부활하신 주님 앞에 그대로 내려놓고 "나의 주님이시요 나의 하나님이시니이다"(요 20:28)라고 고백하는 것이 바로 사도신경인 것입니다.

'성령으로 잉태되어 동정녀 마리아에게서 나시고'라는 고백은 하나님의 역사하심 앞에, 비록 그것이 무엇인지 보이지 않고 알 수 없지만, 기꺼이 자신의 생각과 판단을 내려놓는 신앙고백인 것입니다.

### ●●● 우리는 세상에 있으나 세상의 혈통에 속한 사람이 아니다

신앙의 사람은 새로운 혈통을 봅니다. 옛 사람 아담의 원죄 가운데 태어난 조상의 망령된 유전과 같은 것이 아닌 새로운 혈통, 새로운 역사를 봅니다. 그러면서 믿음으로 고백합니다. 우리가 바로 거기에 속했음을 말입니다.

그렇습니다. 우리는 세상에 있으나 세상에 속한 사람이 아닙니다. 우리는 이 세상 가운데서 하나님이 우리를 구원하기 위해 새롭게 시작하신 거룩한 혈통에 속한 자입니다.

어느 날 한 성도님과 상담을 하게 되었습니다. 상담 중 그분이 자신의 집안 내력을 말하는데 정말 문제가 많았습니다. 특별히 그 집안에 몇 대째 이어져 내려오고 있는 음란과 방탕의 영은 말 그대로 저주처럼 드리워져 있었습니다. 예수를 믿는 그분도 여전히 그것을 벗어나지 못한 채 괴로워하고 있었습니다. 조상의 망령된 유전에 거의 저항을 포기한 상태였습니다. 그때 제가 말했습니다. "성도님의 혈통은 바뀌었습니다. 성도님은 그 집안의 혈통이 아니라 예수 그리스도로 시작된 새로운 혈통입니다. 그 음란하고 방탕한 조상은 이제 성도님의 조상이 아닙니다. 그 망령된 유전은 더 이상 성도님에게 해당되지 않습니다. 십자가의 능력으로 망령된 유전을 가지고 속이는 악한 것을 물리쳐 버리십시오." 그러고 나서 안수하면서 새로운 혈통인 것을 선포하고 기도했을 때, 정말 성령의 역사가 일어나면서 그가 그 매인 것에서 벗어나게 되었습니다.

우리의 혈통은 이 세상의 옛것이 아닌 새로운 것입니다. 우리는 세상에 있으나 세상에 속한 자들이 아닌 것입니다. 바로 이 고백을 '성령으로 잉태되어 동정녀 마리아에게서 나시고' 라고 고백하면서 사도들이, 믿음의 사람들이 하고 있는 것입니다.

### ●●● 나를 구원하시기 위한 하나님의 사랑에 감격하다

가톨릭은 사도신경의 동정녀 탄생에 관한 고백을 마리아가 돋보이도록 해석합니다. 마리아가 동정녀의 몸으로 쓰임 받은 것을 위대한 것처럼 말합니다. 그러면서 마리아는 계속 동정녀였다는 식으로 조작을 하기도 합니다. 아닙니다. '성령으로 잉태되어 동정녀 마리아에게서 나시고'라는 이 신앙의 고백은 마리아가 아니라 하나님이 돋보이시는 고백입니다. 우리를 구원하기 위해 자연의 질서와 세상의 모든 것까지 다 깨 버리시는 그 집요하고 치밀하고 강력한 사랑, 그것이 바로 이 고백 안에 담겨 있습니다.

하나님은 지금도 우리를 구원하기 위해 파격이 아니라 말도 안 되는 희생까지 기꺼이 감당하십니다. 히스기야 한 사람을 위해 해시계를 뒤로 10도나 물러가게 하시는 초자연적 역사를 행하셨던 것처럼 말입니다. 우리를 구원하기 위해 성령이 육신을 입으신 그 하나님의 사랑, 전능자가 아기가 되신 하나님의 그 파격적인 사랑은 지금도 예수 그리스도를 주로 고백한 모든 사람 가운데 역사하고 있습니다. 당신의 사람을 구원하시기 위해서 말입니다. 이 사랑에 대한 감격과 신뢰가 바로 이 고백 가운데 담겨 있는 것입니다.

믿음은 이해가 되지 않아도 믿는 것입니다.
순종은 납득이 되지 않아도 기꺼이 하는 것입니다.
신앙은 나의 생각과 경험의 한계를 넘어선
그 세계의 이야기인 것입니다.

● '성령으로 잉태되어 동정녀에게서 나신 것'은 인간의 상식으로는 받아들이기 힘든 진리입니다.

● 하나님은 원죄를 범한 아담의 혈통으로 올 수 없었기에 '성령으로 동정녀인 마리아를 통해서 이 땅에 오신 것'입니다.

● '성령으로 잉태되어 동정녀에게서 나셨다'는 고백은

1. 나의 인간적인 생각과 판단을 하나님의 영적인 역사 앞에 내려 놓는다는 고백입니다.

2. 우리는 더 이상 죄를 범한 이 세상에 속하지 않고 거룩한 하나 님에게 속한 자녀가 되었다는 고백입니다.

3. 나를 구원하기 위해 이 세상의 질서를 다 깨 버리시는 집요하고 치밀한 하나님의 사랑이 그 안에 있다는 고백입니다.

1. 당신이 신앙생활을 하면서 가장 믿기 힘들었던 '스캔들'과 같은 진리는 무엇인가요?


2. 그리스도인이면서도 여전히 세상에 속한 자처럼 살고 있는 모습이 있다면 무엇인가요?


3. 당신은 하나님이 초자연적인 역사로 구원하셨다는 것에 대해 어떻게 생각하나요? 이해되지 않는 진리가 불신앙으로 이어진 적은 없나요?


4. 당신은 어렵게만 보이는 일들을 어떻게 바라보았나요? 하나님의 크심과 사랑을 확인했을 때 그 일에 대해서 어떤 생각과 기대를 가졌나요?

# 6. / 고난의 십자가를 믿습니다

"유대인은 표적을 구하고 헬라인은 지혜를 찾으나 우리는 십자가에 못 박힌 그리스도를 전하니 유대인에게는 거리끼는 것이요 이방인에게는 미련한 것이로되 오직 부르심을 받은 자들에게는 유대인이나 헬라인이나 그리스도는 하나님의 능력이요 하나님의 지혜니라"(고전 1:22-24).

미국에서 목회할 때 새 가족이나 방문자가 있으면 예배 후에 꼭 따로 만나곤 했는데, 한번은 연세가 좀 있으신 분이 방문해 오셨습니다. 카드를 쓰면서 단순 방문이라고 표기하기에 어떻게 오게 되셨는지를 물었더니, 자기는 애리조나에 사는데 LA에 방문했다가 주일이 되어서 친구의 추천으로 이 교회에 예배를 드리러 왔다고 말씀하셨습니다. 그러면서 자기가 목사는 아니지만 신학을 공부하고 있는데, 이 교회에 와 보니 정말 좋은 교회인 것 같다고, 사업상 LA 출장이 잦은데 올 때마다 주일은 꼭 여기에 와서 예배를 드리고 싶다고 말씀하셨습니다.

　여기까지는 좋았습니다. 그런데 그다음에 한 이야기가 문제였습니다. 그분의 말인즉, 우리 교회 예배가 정말 좋았던 이유 중 하나가 예배 순서에 사도신경이 없어서라는 것입니다. 그러면서 사도신경이 왜 잘못되었는지를 그 짧은 시간에 나열하는데, 나름 그쪽으로 연구를 많이 한 분 같았습니다. 하지만 한쪽으로 치우친 잘못된 견해를 가지고 있었고, 음모론에 빠져 있었습니다. 그래서 제가 좀처럼 다른 사람의 말을 중간에 잘라지 못함에도 불구하고 그 말을 그냥 들어 주면 마치 그의 말에 동의하는 것처럼 생각될까 봐 중간에 말을 자르고 말했습니다.

"저는 사도신경이 잘못되었다고 생각해서 예배 중에 고백하지 않는 것이 아닙니다. 예배의 순서상 꼭 들어갈 필요는 없다고 생각해서 안 하는 것뿐입니다. 저는 개인적으로 사도신경의 신앙 고백에 그대로 동의합니다. 몇몇 표현에 문제가 있긴 하지만, 근본적인 의미로 본다면 그 모든 것은 다 성경적인 신앙의 고백입니다."

순간 분위기가 싸해졌지만 말하지 않을 수가 없었습니다. 물론 그분은 그 뒤로 두 번 다시 우리 교회에 오지 않았습니다.

지금도 일각에서는 사도신경에 문제가 있다고, 이것은 잘못된 것이라고 말하는 이들이 있습니다. 극단적인 사람들은 사도신경이 성도들의 영혼을 노략질하기 위해 만들어진 아주 교

활한 의도가 있는 잘못된 것이라고 말하기도 합니다. 그러면
서 사도신경에 나온 이런저런 표현들을 파헤치면서 신학적인
문제점들을 지적하곤 합니다. 한 예로, 앞에서 살폈던 '동정녀
마리아에게서 나시고'라는 내용이나 '거룩한 공교회' 같은 표
현이 그것입니다. '공교회'가 라틴어로 '가톨릭'인 것을 말하면
서 이것이 바로 가톨릭이 사람들을 장악하려고 만든 증거라고
주장하는 것입니다. 하지만 이미 이야기한 것처럼, 그것은 왜
곡된 관점에서 바라본 잘못된 해석입니다. 본래의 의미를 제
대로 보면 사도신경은 잘못된 신앙 고백이 아니라, 매우 성경
적인 신앙 고백입니다.

그런데 사도신경 가운데 이런 부정적인 의도의 논란이나 신
학적인 해석에 있어서 우리의 머리를 아프게 하는 논란이 아
닌, 아주 합리적인 의구심을 자아내는 부분이 있습니다. 그것
은 바로 '본디오 빌라도에게 고난을 받아'라는 부분입니다.


## 본디오 빌라도와 예수님의 고난

이 부분에 대한 사람들의 의문은 두 가지입니다. 하나는, 왜 굳
이 '본디오 빌라도'라는 이름을 언급했을까 하는 것입니다. 그

것도 실명을 그대로 언급한 이유가 무엇이냐는 것입니다. 그렇게 할 필요가 없어 보이는데 왜 그랬을까 하는 의문이 드는 것입니다. 또 하나는, 성경을 볼 때 엄밀히 말하면 예수님은 빌라도에게 고난을 당하신 것이 아니지 않느냐는 것입니다. 오히려 유대인 대제사장과 종교인들에게 고난을 당하신 것이지, 빌라도의 직접적인 책임은 아니지 않느냐는 것입니다. 더구나 복음서에 보면 빌라도는 오히려 예수님을 놓아 주려고 노력한 것으로 나오고, 특히 마태복음에는 빌라도의 아내가 예수님을 '옳은 사람'(마 27:19)이라고까지 하면서 상관하지 말도록 당부하는 이야기가 나옵니다. 그래서인지 나중에 빌라도가 손까지 씻으며 "이 사람의 피에 대하여 나는 무죄하니 너희가 당하라"(마 27:24)라고 말하는 장면이 나오기에, 예수님이 빌라도에게 고난을 받았다는 것은 말이 안 되는 것이라는 생각을 하게 되는 것입니다.

이는 대단히 합리적인 의문인데, 여기에 어떻게 답을 해야 할까요? 이 질문에 답하기 위해 우선적으로 알아야 할 것은, '본디오 빌라도에게 고난을 받아'라는 구절은 결코 '본디오 빌라도'라는 개인에 대해 말한 것이 아니라는 것입니다.

한 목사님이 쓴 사도신경에 대한 글 가운데 '마리아'와 '빌라도'는 사도신경에 이름이 나오는 두 사람으로서 서로 완전히 대조적이라고 서술한 것을 보았습니다. 마리아는 여자고 빌라도는 남자인 것부터 시작해서, 마리아는 하나님의 뜻에 순종해서 하나님에게 쓰임 받은 반면, 빌라도는 예수님을 놓아 주어야 하는 마음이 있음에도 사람들의 마음을 얻고자 결국 예수님을 십자가에 못 박도록 내어주어 마귀에게 이용당하는 존재가 되었다는 것입니다. 말은 됩니다. 하지만 이것은 정말 잘못 본 것입니다.

앞서 이야기했던 것처럼, '동정녀 마리아에게서 나시고'라는 내용은 절대로 마리아를 돋보이게 하는 신앙 고백이 아닙니다. 사도신경은 결코 사람을 신앙의 모델로 삼고 있지 않습니다. 마찬가지로 '본디오 빌라도에게 고난을 받아'라는 내용 역시 빌라도에 관한 이야기가 아닙니다. '동정녀 마리아에게서 나시고'가 마리아와 같이 좋은 신앙인이 되자는 것이 아닌 것처럼, '본디오 빌라도에게 고난을 받아'도 절대 빌라도처럼 그렇게 하면 안 된다는 것이 아니라는 것입니다.

그러면 무엇입니까? 우리는 이것을 어떻게 이해해야 합니까? 우선 '본디오 빌라도에게 고난을 받아'라는 표현을 라틴어 원문으로 보면 번역이 잘못되어 있는 것을 알 수 있습니다. 원문대로라면 '본디오 빌라도 아래에서 고난을 받아'라고 번역되어야 합니다. 그러니까 본디오 빌라도 개인에게 직접 고난을 당한 것이 아니라 본디오 빌라도라는 통치자가 있는 그 시대, 그 상황 가운데서 고난을 받았다는 의미인 것입니다. 쉽게 말해, '본디오 빌라도'는 예수님 당시의 세상 나라를 상징하는 이름인 것입니다.

## 고난의 고백에 담긴 영적인 의미

그렇다면 '나는 우리 주 예수 그리스도가 본디오 빌라도에게 고난을 받아 십자가에 못 박혀 죽으셨음을 믿습니다'라는 이 사도신경의 네 번째 신앙 고백은 무엇을 말하는 것일까요? 이 고백을 하면서 우리는 어떤 영적인 역사를 경험하고 은혜를 받아야 하는 것일까요?

사도신경의 고난의 고백 안에는 정말 중요한 영적인 의미와 영적인 역사를 이루는 고백이 담겨 있습니다. 이것은 오늘날 이 고백을 하는 모든 사람에게도 해당되는 중요한 영적 역사입니다.

### ••• 예수 그리스도의 고난의 십자가는 실제다

'본디오 빌라도'는 주후 26-36년까지 유대 총독을 지낸 실존 인물입니다. 그러므로 그가 유대 종교 지도자들의 주장을 받아들여 나사렛 예수를 십자가형으로 처형한 것은 분명한 역사적 사실입니다. 그래서 사도신경은 '본디오 빌라도에게 고난을 받아 십자가에 못 박혀 죽으시고'라고 고백하고 있는 것입니다. 예수 그리스도의 십자가는 이 세상 역사 속에서 분명히 일어났던 일이라는 것을 믿음으로 고백하고 있는 것입니다.

초대 교회 때부터 교회에 심각한 피해를 끼친 이단이 바로 '영지주의'(靈知主義)입니다. 이들은 영은 거룩하고 육은 악하기 때문에 성자 예수님은 육신을 입고 이 세상에 오신 것이 아니라, 그 모든 것은 일종의 환상 같은 것이라고 주장합니다. 영이신 하나님은 육이 될 수 없다는 것입니다. 그래서 그들은 예수 그리스도의 십자가의 죽으심을 '가현설'(假現說)로 설명합니다. 성자 예수님이 실제로 십자가에 달리신 것이 아니라, 그렇게 보이는 환상이었을 뿐이라는 것입니다. 실제가 아니었다는 것입니다.

그러다 보니 그들에게 있어서 구원은 '영적으로 깨달아 아는 것'입니다. 그래서 영지주의입니다. 믿음으로 실제적인 역사가 일어나는 것이 아니라 영적인 지식으로 깨달아 아는 것, 그래서 육신의 세계를 초월한 영적인 역사를 이룬다는 것입니다. 그런 면에서 불교의 '득도'(得度)나 '대오각성'(大悟覺醒)과 비슷한 부분이 있습니다.

이것이 문제가 되는 것은 그 자체가 진리가 아닌 거짓이기 때문이기도 하지만, 결국 현실적인 고난과 어려움에 대해 어떤 해결도 주지 못하는 일종의 현실 도피이기에 그렇습니다. 요즘 자주 쓰는 말대로 유체이탈 화법과 같은 것입니다.

기억하십시오. 예수 그리스도가 십자가에 달리신 것은 어떤 영적인 세계에서 일어난 초월적인 일이 아니라, 이 세상 역사 속에서 실제로 일어난 일입니다. 그렇기에 주님의 십자가의 고난과 죽으심은 우리의 현실 속에서의 고난과 사망의 역사를 실제로 이기는 역사가 될 수 있는 것입니다.

믿음은 바로 이런 것입니다. 믿음은 추상 명사도 아니고, 관념적인 것도 아니고, 영적인 환상은 더더욱 아닌 너무나도 분명하고 실제적인 역사입니다. 믿음은 단지 영적인 것만이 아닌 영·혼·육 전인적인 것이며, 구원도 단지 영적인 것만이 아닌 우리의 삶과 존재의 모든 것이 회복되고 구원받는 은혜인 것입니다. 바로 이 고백을 '본디오 빌라도에게 고난을 받아 십자가에 못 박혀 죽으시고'라는 신앙 고백 가운데 하고 있는 것입니다. 지금 이 세상 가운데 역사하는 생생한 믿음으로 말입니다.

그렇습니다. 예수 그리스도, 우리 주님의 고난의 십자가는 요즘 젊은 세대들이 잘 쓰는 표현 그대로 '레알'(Real)입니다. 예수 그리스도는 '레알', 즉 '실제로' 역사 속에서 십자가에 달려 고통당하고 죽으셨습니다. 그래서 예수 그리스도를 주로 믿는 모든 사람이 그 십자가를 통해 받는 구원 역시 '레알'이 되는 것입니다. 사도신경은 이것을 고백하고 있는 것입니다.

### ●●● 참신앙의 길은 고난의 십자가를 지는 것이다

사도신경의 네 번째 신앙 고백은 '우리 주 예수 그리스도가 본디오 빌라도, 즉 세상에게 고난을 당하고 십자가에 못 박혀 죽으셨습니다'라고 고백하고 있습니다. 그런데 이것은 결코 패배의 인정이 아닙니다. 고통스러운 결과의 수용이 아닙니다. 이것은 신앙의 고백입니다. 하나님 앞에, 온 세상 앞에, 우리 자신에게 그리고 다른 사람을 향해 다 들으라고 외치는 신앙 고백입니다. 무슨 말입니까? 이는 너무나도 중요한 영적인 진리, 그 신앙의 역사를 선포하고 있는 것입니다. 그것은 바로 '참신앙은 이렇게 고난의 십자가를 지는 것이다'라는 선포입니다.

예수 그리스도는 세상 가운데서 고난을 받고 결국 십자가에 못 박혀 죽으셨습니다. 전능자이고 하나님인 분이 기꺼이 그렇게 하신 것입니다. 그리고 그분의 제자인 우리는 주님이 그렇게 고난의 십자가를 지신 것을 자랑스럽고 당당하게 그리고 단호하고 결연하게 믿음으로 고백하는 것입니다. 그것을 분명히 믿는다고 말입니다. 혹시 속이는 자가 와서 그렇지 않다고, 이것은 잘못된 것이라고, 이것은 문제가 있다고 속삭여도 흔들리지 않고 '아니다. 고난의 십자가, 그것이 바로 참신앙의 길이다'라고 선포하면서 말입니다.

바울 사도는 누구보다 이 십자가 신앙의 핵심을 가장 잘 붙들고 선포한 사람입니다. '우리 주님이 고난의 십자가를 지셨다'는 이 사실을 붙든 채 현실의 고난을 이기고, 세상을 이기고, 참신앙의 길을 걸어갔던 참된 신앙인이었습니다.

"유대인은 표적을 구하고 헬라인은 지혜를 찾으나 우리는 십자가에 못 박힌 그리스도를 전하니 유대인에게는 거리끼는 것이요 이방인에게는 미련한 것이로되 오직 부르심을 받은 자들에게는 유대인이나 헬라인이나 그리스도는 하나님의 능력이요 하나님의 지혜니라"(고전 1:22-24).

'우리는 십자가에 못 박힌 그리스도를 전한다.' 언뜻 황당할 수 있지만, 세상은 말도 안 된다고 조롱할 수 있지만, 이것이 하나님의 능력이고 지혜임을 확신하면서 선포하는 바로 이 고백이 '본디오 빌라도에게 고난을 받아 십자가에 못 박혀 죽으시고'라고 고백하는 사도신경의 고백과 같은 것입니다.

그렇습니다. 참신앙의 길은 고난의 십자가를 지는 것입니다. 주님이 그렇게 하셨듯이 우리도 그렇게 할 수 있고, 그렇게 하는 것이 진정한 신앙인 것입니다. 우리는 더 이상 고난에게 협박당하지 않습니다. 우리는 더 이상 실패를 두려워하지 않습니다. 우리는 더 이상 세상의 정죄와 사람들의 비난을 겁내지 않습니다. 죄에게 농락당하지 않습니다. 우리는 '우리 주님이 본디오 빌라도, 즉 세상에게 고난을 받아 십자가에 못 박혀 죽으셨다는 것'을 신앙 고백으로 당당하게 드린 자답게 힘 있고 아름답게 살아가야 할 것입니다.

● '본디오 빌라도'는 한 개인이 아니라, 예수님이 고난 받고 십자가에 죽으신 그 시대, 세상 나라를 대표하는 존재입니다.

● 역사적 인물인 '본디오 빌라도'의 등장을 통해 십자가 사건이 역사 속에서 실제로 있었던 일임을 고백하는 것입니다.

● '십자가에 못 박혀 죽는 것'은 세상에서는 조롱거리지만, 우리에게 는 지혜이고 능력입니다.

● '십자가에 못 박혀 죽는 것'은 패배의 인정이 아니라 신앙 고백입 니다.

1. 사도신경을 고백하는 것이 불필요하다고 생각해 본 적은 없나요? 당신은 사도신경의 의미를 생각하며 고백하고 있나요?

2. '본디오 빌라도에게 고난을 받아 십자가에 못 박혀 죽으시고.' 이 부분에 대한 신앙적인 의문이 있었다면 어떤 면에서 그런가요?

3. 육신과 영을 분리해서 영적인 것만을 우월하다고 여겼던 경험이 있다면 나누어 봅시다.

4. 우리를 위한 고난의 십자가를 생각할 때, 당신이 삶 가운데 감당해야 하는 십자가는 어떤 것들이 있을지 생각해 봅시다.

# 7. / 부활 신앙

"그리스도께서 죽은 자 가운데서 다시 살아나
셨다 전파되었거늘 너희 중에서 어떤 사람들
은 어찌하여 죽은 자 가운데서 부활이 없다 하
느냐 만일 죽은 자의 부활이 없으면 그리스도
도 다시 살아나지 못하셨으리라 그리스도께서
만일 다시 살아나지 못하셨으면 우리가 전파
하는 것도 헛것이요 또 너희 믿음도 헛것이며
또 우리가 하나님의 거짓 증인으로 발견되리
니 우리가 하나님이 그리스도를 다시 살리셨
다고 증언하였음이라 만일 죽은 자가 다시 살
아나는 일이 없으면 하나님이 그리스도를 다
시 살리지 아니하셨으리라 만일 죽은 자가 다
시 살아나는 일이 없으면 그리스도도 다시 살
아나신 일이 없었을 터이요 그리스도께서 다
시 살아나신 일이 없으면 너희의 믿음도 헛되
고 너희가 여전히 죄 가운데 있을 것이요 또한
그리스도 안에서 잠자는 자도 망하였으리니
만일 그리스도 안에서 우리가 바라는 것이 다
만 이 세상의 삶뿐이면 모든 사람 가운데 우리
가 더욱 불쌍한 자이리라 그러나 이제 그리스
도께서 죽은 자 가운데서 다시 살아나사 잠자
는 자들의 첫 열매가 되셨도다"(고전 15:12-20).

'기독교 변증론'이라는 것이 있습니다. 이를 줄여서 '변증론'이라고도 부릅니다. 이 '변증'이라는 말은 헬라어로 '아폴로기아'(ἀπολογία)인데, 여기에서 변증론이라는 영어 '아폴로제틱스'(Apologetics)가 나왔습니다.

사실 이 '변증론'은 그리스도인에게 너무나도 중요한 것입니다. 하지만 용어 때문에 조금은 오해를 받고 있습니다. 하나는, 어렵다는 생각입니다. '변증론'이라는 말 자체가 너무 어렵게 느껴진다는 것입니다. 철학적이고 사변적인 것 같아서 단어만 들어도 골치가 아프고, 특히 평신도들에게는 '해당 없음'이라는 생각이 강하게 든다는 것입니다. 또 하나는, 변증이라는 말 가운데 자꾸 '변명'이라는 느낌이 든다는 것입니다. 변호를 하는 것이라 해도 무언가 자기 입장을 설명하는 아주 방어적인 느낌이 든다는 것입니다. 게다가 '아폴로제틱스'는 그 어근이 '아폴로지'(Apology)이다 보니 자꾸 '사과, 사죄'라는 생각이 들면서 변증론이라는 것이 일종의 매달리는 느낌인 것을 지울 수 없게 하는 것입니다.

하지만 그렇지 않습니다. '기독교 변증론'은 초대 교회 때부터 지금까지 우리의 신학만이 아니라 우리 신앙의 모든 것이었습니다. 다시 말해서, 참된 그리스도인들은 다 '기독교 변증론자'가 되어야 한다는 것입니다. 일부 신학자들 혹은 교부들만이 아니라, 예수 그리스도를 주로 믿고 그리스도인이 된 사람은 모두 변증론자가 되어야 한다는 것입니다. 그렇게 볼 수밖에 없는 것이, 기독교 변증론의 근거가 되는 핵심 성경 구절이 바로 베드로전서 3장 15절이기에 그렇습니다.

"너희 마음에 그리스도를 주로 삼아 거룩하게 하고 너희 속에 있는 소망에 관한 이유를 묻는 자에게는 대답할 것을 항상 준비하되 온유와 두려움으로 하고."

이 말씀은 일부 신학자나 교부들에게만 해당되는 것이 아닙니다. 모든 그리스도인에게 해당되는 말씀입니다. 때문에 그리스도인이라면 모두가 다 '기독교 변증론자'가 되어야 합니다.

이것을 더욱 확실하게 보여 주는 것이 '어떻게 변증을 하는가?'라는 '변증의 방법'에 대한 신학자들의 연구 결과입니다. 많은 신학자들이 기독교 변증론에 대한 연구를 진행했는데, 그들 모두가 이구동성으로 내리고 있는 결론은 '변증은 말이 아니라 삶이고, 그 사람 자체'라는 것입니다.

복음주의 지성이라고 불리는 알리스터 맥그래스(Alister McGrath)의 《기독교 변증》(국제제자훈련원 역간)이라는 책이 있습니다. 이 책의 원제목은 《Mere Apologetics》인데, 이를 직역하면 '단지 변증론' 정도가 될 것입니다. 쉽게 말하면, '변증론, 그것이면 충분하다'라는 의미입니다. 이 책에는 '변증의 6단계'가 나오는데, 그중에 우리가 주목해야 할 것은 마지막 여섯 번째 단계입니다.

1. 신앙을 이해하라

2. 청중을 이해하라

3. 명쾌하게 전달하라

4. 접촉점을 찾아라

5. 온전한 복음을 제시하라

6. 실천하고 실천하고 실천하라

기독교 변증은 말로만 하는 것이 아닙니다. 입으로만 하는 것이 아닙니다. 내가 믿는 믿음, 내가 받은 은혜, 내 속에 역사하는 능력, 이 모든 것을 '나'라는 존재가 삶으로 그대로 드러내는 것입니다. 그렇기에 '기독교 변증론'은 모든 그리스도인에게 다 해당되는 신앙의 핵심이라 할 수 있는 것입니다.

그런 면에서 '사도신경'은 기독교 변증론의 백미입니다. 사도들이 가장 먼저 고백했고, 그것을 우리가 동일하게 붙들고 고백하면서 사도들이 보여 준 그 신앙의 길로 함께 가는 그 자체가 변증론의 핵심입니다. 그런데 사도신경을 기독교 변증론의 백미라고 한다면, 그 가운데 핵심은 바로 이 장에서 살펴볼 '장사된 지 사흘 만에 죽은 자 가운데서 다시 살아나셨음을 믿습니다'라는 바로 이 고백입니다. 그렇습니다. 기독교 변증론에서 가장 핵심적인 부분은 바로 우리 주님이 부활하셨다는 이 부활의 고백, 부활의 신앙입니다.

사도행전에도 나오지만, 사도들이 나가서 복음을 전할 땐 언제나 그 핵심, 그 절정에 '예수 그리스도, 우리 주님의 부활'이 있었습니다. 한 예로, 가룟 유다의 자리를 대신할 사도를 뽑을 때의 기준을 보십시오. 성경은 사도의 역할을 다음과 같이 정의합니다.

"항상 우리와 함께 다니던 사람 중에 하나를 세워 우리와 더불어
예수께서 부활하심을 증언할 사람이 되게 하여야 하리라 하거
늘"(행 1:22).

사도란 바로 '예수의 부활을 증언하는 사람'이라는 것입니다.
오순절 성령 강림으로 시작된 초대 교회 당시 사도들이 나
가서 복음을 외칠 때의 핵심은 바로 예수 그리스도의 부활이
었습니다. 이 부활의 증거는 그들이 복음을 전할 때마다 외치
는 모든 메시지의 핵심이었습니다. 그러다 보니 초대 교회 당
시 복음을 박해하던 자들이 가장 싫어한 것이 바로 '예수 그리
스도의 부활'이었습니다.

"사도들이 백성에게 말할 때에 제사장들과 성전 맡은 자와 사두
개인들이 이르러 예수 안에 죽은 자의 부활이 있다고 백성을 가
르치고 전함을 싫어하여"(행 4:1-2).

바울 사도가 복음을 전할 때마다 가장 강조했던 것이 바로
'예수 그리스도의 부활'이었고, 대적들과 가장 많이 논쟁했던
것이 바로 '예수 그리스도의 부활'이었습니다. 이처럼 초대 교
회 때부터 기독교 변증론의 최대 핵심 이슈는 바로 '예수 그리

스도의 부활'이었습니다. 이유는 다른 무엇보다 신앙의 대적자들이 예수 그리스도의 부활을 부정하면서 기독교 신앙을 공격했기 때문입니다.


## 초대 교회 때부터 있었던 부활에 대한 공격들


**기절설:** 예수님은 십자가에서 죽으신 것이 아니라 기절한 것으로, 서늘한 무덤에 모셔 놓으니 깨어났다는 주장

→ 창으로 옆구리를 찔러 예수님의 죽음을 확인했으며, 수의를 그렇게 묶어 놓으면 살아 있던 자도 죽을 수밖에 없음


**혼동설:** 새벽길에 예수님의 무덤을 잘못 알고 다른 무덤과 혼동해 무덤이 비었으니 부활했다고 퍼뜨렸다는 주장

→ 예수님의 무덤은 공동묘지가 아니어서 잘못 찾을 수도 없을뿐더러, 그 후에 부활하신 주님을 만난 사람들의 증거를 설명할 길이 없음


**도난설:** 제자들이 예수님의 시신을 훔쳐 가 놓고 부활했다고 거짓말을 퍼뜨렸다는 주장

→ 도망쳤던 제자들이 다시 용감하게 그런 일을 했다는 것은 말이 안 되고, 또 시신을 훔쳐 가면서 시신을 쌌던 세마포와 머리 수건을 벗겨 놓았다는 것 역시 말이 안 됨. 무엇보다 시신을 훔쳐 간 것이라면, 그 후에 부활하신 예수님을 뵙고 그 삶과 목숨을 건 사람들은 어떻게 설명할 것인가?

**환상설:** 예수님의 죽음에 대한 죄책감에 시달리다가 부활했다는 환상을 갖게 되면서 그것을 사실인 것처럼 퍼뜨렸다는 주장
→ 한두 사람이 아닌 여러 사람이 같은 환상에 빠진다는 것은 말이 안 되고, 역시 부활하신 주님을 직접 뵙고 심지어 도마처럼 만져 보기까지 했다는 사람들의 간증을 설명할 길이 없음

초대 교회 당시 이런 식의 부활에 대한 많은 반박과 공격들이 대적들로부터 집요하게 있었습니다. 그렇다면 대적들은 왜 그렇게 부활을 공격했던 것일까요? 언뜻 생각할 때는 죽은 자가 다시 살아났다는 이 부활의 이야기를 인간의 상식과 이성적인 판단으로는 도저히 받아들일 수 없기에 부활을 부정하는 공격을 한 것이라고 볼 수 있지만, 동정녀 탄생부터 예수 그리스도의 이야기 전체가, 아니 하나님의 역사하심 전체가 인간의 상식과 이성으로는 받아들일 수 없는 것 아닙니까? 그런데

다른 것보다 특히 부활에 대해 그렇게 집중적으로 공격하는 이유가 무엇일까요? 기독교 변증론의 가장 뛰어난 대가인 바울 사도는 부활에 대한 변증을 하면서 다음과 같은 답을 주고 있습니다.

"그리스도께서 만일 다시 살아나지 못하셨으면 우리가 전파하는 것도 헛것이요 또 너희 믿음도 헛것이며"(고전 15:14).

그렇습니다. 부활을 부정하고 무너뜨리면 바로 우리의 복음, 우리의 믿음, 그 모든 것이 '헛것'이 되기에 그런 것입니다. 부활을 부정하는 그 한 가지로 우리의 신앙 전체를 다 무너뜨릴 수 있기에 그렇게 공격을 하는 것입니다. 이 사실을 잘 알고 있는 바울 사도는 그리스도인이라 하면서 부활은 사실이 아닐 수도 있다는 말에 넘어가고 있는 고린도 교인들에게 피를 토하는 마음으로 우리의 신앙에 있어서 부활의 중요성을 말하고 있는 것입니다.

"그리스도께서 다시 살아나신 일이 없으면 너희의 믿음도 헛되고 너희가 여전히 죄 가운데 있을 것이요 또한 그리스도 안에서 잠자는 자도 망하였으리니 만일 그리스도 안에서 우리가 바라는 것이 다만 이 세상의 삶뿐이면 모든 사람 가운데 우리가 더욱 불쌍한 자이리라"(고전 15:17-19).

예수 그리스도가 십자가에 달려 죽으시고 장사되었다가 사흘 만에 죽은 자 가운데서 다시 살아나셨다는 사실은 우리가 참신앙을 갖고 그 신앙으로 온전히 승리하기 위해 반드시 지켜야 할 영적인 진리입니다. 이것이야말로 기독교 변증론의 핵심 중에 핵심이라 할 수 있습니다.

## 부활의 진리를 어떻게 지킬 것인가

앞서 부활에 대한 반박들을 살피면서도 느꼈겠지만, 예수 그리스도의 부활이 사실이 아니라고 주장하는 자들과 말로 맞서 싸워서는 결코 이길 수 없습니다. 소위 논리와 인간적인 이성과 상식은 바로 그들의 것이기 때문입니다. 부활은 그런 인간의 이성과 상식을 뛰어넘은 기적이고 역사이기 때문입니다. 그래서 초대 교회 때부터 부활에 대한 변증에서 논리적이고 이성적인 진술과 증언들을 하기는 했지만, 그것보다는 다음 두 가지로 부활에 대한 변증을 해 왔던 것입니다. 그리고 이것은 지금 우리도 해야 하는 부활에 대한 변증입니다.

### ●●● 예수 그리스도의 부활을 믿음으로 고백하고 선포함

"그러나 이제 그리스도께서 죽은 자 가운데서 다시 살아나사 잠
자는 자들의 첫 열매가 되셨도다"(고전 15:20).

논리적으로 결론을 내린 것이 아닙니다. 다만 믿음으로 고
백하고 선포한 것입니다. 부활에 대한 변증의 첫 번째는 주님
의 부활하심을 믿고 고백하는 성도들의 신앙 고백입니다.

사도들은 부활하신 주님을 만났습니다. 그들은 예수 그리스
도가 죽음에서 부활하신 것을 분명히 보았고, 확실하게 체험
했습니다. 그런데 그들은 이 엄청난 사실을 세상 사람들에게
다른 식으로 증거하려고 준비하지 않았습니다. 어떤 문서나
객관적인 증거를 남기려고 하지 않았습니다. 이유는, 그렇게
할 필요를 느끼지 못했기 때문입니다. 자신들이 분명히 주님
의 부활하심을 보아 알고 있는데 무슨 증거가 더 필요하겠습
니까? 빈 무덤을 보았고, 부활하신 주님을 만났고, 살아 계신
주님의 음성을 통해 무너졌던 마음이 다시 회복되어 도망치던
삶에서 돌이키는 역사가 있었는데 무슨 다른 증거가 필요하냐

는 것입니다. 그렇습니다. 사도들에게 있어 예수 그리스도의 부활은 논증할 필요가 없는 것이었습니다. 그냥 살아나셨다고 말하면 되는 것이었습니다.

이 사도들의 고백을 믿음으로 받아들여 동일하게 고백하는 것이 모든 신앙의 사람이 할 수 있는 부활 변증의 첫 번째입니다. 그리고 사도신경의 '나는 우리 주 예수 그리스도가 십자가에 달려 죽으셨으나 장사된 지 사흘 만에 죽은 자 가운데서 다시 살아나셨음을 믿습니다'라는 이 고백이 바로 부활 변증에 해당하는 신앙 고백입니다.

우리는 지금도 이 사도들의 부활의 변증을 동일하게 고백해야 합니다. 우리의 신앙을 무너뜨리고 우리의 믿음을 헛것으로 만들려고 교활한 이성과 세상 논리와 과학이라는 편협한 잣대를 가지고 공격해 오는 대적들의 공격에 맞서 '우리 주 예수 그리스도는 부활하셨습니다. 나는 그것을 믿습니다'라고 선포해야 합니다. 이것이 우리의 변증입니다. 이것이 우리의 신앙을 지키기 위해 필요한 첫 번째 믿음의 고백, 선포입니다.

● ● ●  **부활 신앙으로 살아감**

첫 번째보다 훨씬 강력한 부활의 변증은 바로 이것입니다. 대적들이 예수의 부활을 아무리 부정하고 반박하고 싶어도 할 수 없게 만드는 정말 강력한 변증은 이렇게 부활 신앙으로 사는 사람들이 있다는 것입니다.

어떻게 실패했던 마음이 충만한 능력이 될 수 있습니까? 어떻게 낙심하고 무너졌던 마음이 기쁨으로 충만할 수 있습니까? 어떻게 도망자가 증거자가 될 수 있습니까? 어떻게 사망으로 끝난 것처럼 보이는 사람이 새 생명 가운데 거할 수 있습니까?

성경에 나오는 사도들의 신앙은 한마디로 '부활 신앙'이었습니다. 그들은 사망을 이기고 승리한 부활의 신앙으로 충만한 사람들이었습니다. 그들의 그런 삶이 부활의 최고의 변증이 되었습니다. 그러므로 사도신경의 부활에 대한 믿음의 선포는 곧 부활 신앙의 선포인 것입니다.

주님이 십자가에서 죽으시고, 장사되시고, 사도신경의 원문에 있는 대로 음부에까지 내려갔지만 거기에서 다시 살아나신 것처럼, 그렇게 우리도 삶의 모든 십자가, 죽음, 장사, 음부에서 다시 일어나는 것입니다. 다시 소망과 생명과 감사와 기쁨을 회복하면서 일어서는 것입니다. 바로 그 부활하신 주님을 믿기에 말입니다. 이것이 사도들이 보여 준 부활 신앙이고, 이것이 사도들의 고백을 동일하게 하면서 우리도 동일하게 가지고 누리는 부활 신앙입니다. 이 부활 신앙의 선포를 우리는 사도신경을 고백하면서 하는 것이고, 바로 이것이 부활의 변증의 결정타인 것입니다.

우리는 모두 신앙의 변증론자가 되어야 합니다. 무엇보다 부활의 변증을 힘 있게 선포하며 살아야 합니다. 지금도 여전히 우리의 신앙을 송두리째 무너뜨리려고 세상의 논리와 인간적인 판단으로 예수 그리스도의 부활을 반박하고 흔드는 대적들을 향해, '나는 우리 주 예수 그리스도가 십자가에서 죽으시고 장사된 지 사흘 만에 죽은 자 가운데서 다시 살아나셨음을 믿습니다'라고 고백하십시오. 그리고 고백한 그대로 살아가십시오.

● 부활은 우리의 신앙이 참신앙이 되고, 우리가 온전한 신앙으로 승리하기 위해 반드시 지켜야 할 영적인 진리입니다.

● 부활하신 주님과의 만남을 통해 변화된 사도들의 삶 자체가 변증입니다.

● 부활 변증은 사도들의 고백을 믿음으로 받아들여 동일하게 고백하는 것입니다.

● 부활 신앙은 사망으로 끝난 것처럼 보이는 사람이 소망과 생명으로 다시 일어서는 것입니다.

● 우리는 사도신경을 고백하는 것으로 부활 신앙을 고백할 수 있습니다.

1. 알리스터 맥그래스의 《기독교 변증》에서 '변증의 6단계'는 무엇이며, 그중 가장 주목할 단계는 어떤 내용이었나요?

2. 성경의 사건들에 대해 반박하는 사람들을 만나 본 적이 있나요? 있다면 당신은 어떻게 대처했나요?

3. 예수님에게 등 돌렸던 제자들이 예수님의 부활 이후 변화되는 모습을 통해 느낀 점이 있다면 무엇인가요?

4. 직접 경험해 보지 못한 부활 사건에 대한 변증을 위해 우리가 할 수 있는 것들이 있다면 무엇인지 나누어 봅시다.

# 8. / 주님의 통치하심을 믿습니다

"그의 능력이 그리스도 안에서 역사하사 죽은 자들 가운데서 다시 살리시고 하늘에서 자기의 오른편에 앉히사 모든 통치와 권세와 능력과 주권과 이 세상뿐 아니라 오는 세상에 일컫는 모든 이름 위에 뛰어나게 하시고 또 만물을 그의 발아래에 복종하게 하시고 그를 만물 위에 교회의 머리로 삼으셨느니라 교회는 그의 몸이니 만물 안에서 만물을 충만하게 하시는 이의 충만함이니라"(엡 1:20-23).

이 장에서 살펴볼 사도신경의 고백은 '하늘에 오르시어 전능하신 아버지 하나님 우편에 앉아 계시다가'라는 여섯 번째 신앙 고백입니다. 이것을 좀 더 고백적인 형태로 바꾸어 본다면, '나는 우리 주 예수 그리스도가 죽음에서 부활한 후 하늘에 올라가신 것을 믿습니다. 그리고 지금 전능하신 하나님 우편에 계심을 믿습니다'라고 할 수 있습니다.

이 여섯 번째 신앙 고백은 언뜻 볼 때는 두 부분으로 나뉘는 것 같습니다. 첫째는, '하늘에 올라가셨다', 즉 예수 그리스도가 승천하셨다는 것입니다. 그리고 둘째는, '지금 전능하신 하나님 우편에 계신다'는 것입니다. 그런데 이 두 가지 믿음의 고백은 사실 분리된 것이 아니라 서로 연결되어 있습니다. 첫 번째와 두 번째는 하나의 중요한 신앙 고백, 즉 우리가 신앙인으로 살아가면서 반드시 붙들어야 할 신앙 고백을 위한 일련의 연결된 고백이라는 것입니다.

그렇다면 그 신앙 고백은 무엇입니까? 그것이 무엇인지는 결론에서 이야기할 것입니다. 대신 그것을 향해 가는 도입을 위해 우선 '하늘에 올라가셨다', 즉 예수 그리스도의 승천하심에 대한 믿음의 고백을 먼저 다루겠습니다.


## 예수 그리스도의 승천의 의미

사도들의 신앙 고백을 따라 '부활하신 우리 주 예수님이 하늘로 올라가셨음을 믿습니다'라고 고백하는 것에는 무슨 의미가 담겨 있습니까? 이 믿음의 고백은 어떤 의미의 고백입니까?

실제로 부활하신 예수님은 40일 동안 이 땅에 머물면서 주로 제자들, 즉 사도들을 만나 무너졌던 그들의 신앙을 다시 세워 주시고는 그들이 보는 앞에서 하늘로 올라가셨습니다.

> "이 말씀을 마치시고 그들이 보는데 올려져 가시니 구름이 그를 가리어 보이지 않게 하더라"(행 1:9).

이것은 분명 사도들이 보는 앞에서 일어난 현상이었습니다. 전설처럼 전해 내려오는 소식도 아니고, 누군가의 말을 전달하는 것도 아닙니다. 물론 환상 가운데 일어난 일을 말하는 것 또한 분명히 아닙니다. 사도들은 자신들이 본 그대로 '예수 그리스도, 우리 주님이 하늘로 올라가셨다'고 말하고 있는 것입니다.

그러면 사도신경의 이 신앙 고백에는 예수님이 하늘로 올라가셨다는 사실을 확인하는 의미만 들어 있는 것일까요? 어떤 글에서 예수님의 승천을 '마지막 기적'이라고 말하는 내용을 본 적이 있습니다. 예수님의 승천은 주님이 이 땅에 계시면서 행했던 그 많은 기적 가운데 마지막으로 행하신 기적이라는 것입니다. 물론 기적은 맞습니다. 사람이 이 땅에서 하늘로 올라갔으니 그것이 기적인 것은 맞습니다. 그런데 사도신경의 이 신앙 고백이 그 기적이 일어났다는 사실만을 말하고 있는 것일까요? 그런 기적이 일어났음을 믿는다고 말하는 것뿐일까요? 혹은 그렇게 고백하면서 세상 사람들에게 이러한 기적이 일어났다고 알려 주고, 그러니까 너도 이 기적을 믿으라고 말하는 것에 불과한 것일까요?

성지 순례 당시 감람 산 정상에 있는 '예수 승천 교회'에 가 본 적이 있습니다. 예수님이 승천한 장소라고 알려진 곳에 주

후 387년에 기념 교회를 세웠고, 이것이 여러 번 무너지고 세
워지고를 반복하다가 결국 살라딘의 예루살렘 정복 이후에는
이슬람 사원으로 개조되어 사용되었던 곳입니다. 지금도 그곳
은 이슬람 소유입니다. 하지만 '승천 바위'가 있는 돔은 성지
순례객들에게 개방되어 있어 저도 가 볼 수 있었습니다.

작은 돔으로 된 건물 안으로 들어가면 그곳에 예수님이 승천
하신 바위라는 것이 있는데, 보면서 약간 황당한 느낌을 지울
수 없었습니다. 바위 위에 사람 발 모양으로 움푹 파인 곳이 있
는데, 그것이 예수님이 승천하면서 밟으셨던 자리라는 것입니
다. 글쎄요. 부활하신 주님이니 특별하기는 하지만, 예수님이 바
위를 밟았을 때 그 자리가 움푹 파일 정도로 무거우셨을까요?
그리고 그 예수님의 발자국이라는 것이 대충 보아도 50센티
미터는 넘어 보이는데, 예수님이 그렇게 왕발이셨을까요? 솔
직히 그때 너무 실망해서 그 후로는 성지 순례를 인솔하면서
그곳에는 잘 가지 않습니다. 다른 일정이 바빠서도 그렇지만,
그것이 우리의 신앙에 도움이 되지 않기 때문입니다.

우리는 예수님의 승천을 그런 기적으로만 받아들여서는 안
됩니다. 사도들이 고백했고, 그 고백을 따라 사도신경에서 예
수님의 승천하심을 믿는다고 고백하는 것은 단지 그런 사실
이 있었다는 것을 믿는다는 고백이 아닌 것입니다. 부활하신

예수님은 분명 사도들이 보는 앞에서 하늘로 올라가셨습니다. 하지만 성경이 말씀하고 있는 예수님의 승천은 절대로 공간의 이동이 아니었습니다. 여기 이 땅에서 올라가 하늘이라는 다른 공간으로 가신 것이 아니라는 것입니다. 그렇다면 성경이 말씀하고 있는 승천하신 예수님은 어디로 가신 걸까요?

> "주 예수께서 말씀을 마치신 후에 하늘로 올려지사 하나님 우편에 앉으시니라"(막 16:19).

'하나님 우편'입니다. 그러면 하나님은 어디에 계실까요? 같은 질문을 제자 훈련 시간에 던졌더니 어떤 분이 아주 자신 있게 '예수님 좌편'이라고 대답했습니다. 물론 웃자고 한 대답이었습니다.

하나님은 어떤 한정된 공간이나 장소에 계시지 않습니다. 하나님은 영이신데 어떻게 특정한 공간에 한정되어 계시겠습니까? 예레미야 23장 24절을 보십시오. 하나님은 '천지에 충만'하십니다. 이는 모든 곳에 계신다는 말입니다. 모든 시간, 모든 곳에 계시는 분이 바로 하나님이시기에, 그 하나님 우편으로 가셨다는 것은 예수님도 모든 시간, 모든 곳에 계신다는 의미인 것입니다. 그러므로 '나는 우리 주 예수 그리스도가 하늘로 올라가셨음을 믿습니다'라는 이 고백은 이별 이야기, 즉 예수 그리스도가 우리 곁을 떠나가 버린 이야기가 아니라, 당신의 제자들, 당신의 사람들 모두와 함께 계시다는 만남의 이야기인 것입니다.


## 예수 그리스도의 통치하심

예수 그리스도는 승천을 통해 이천 년전 유대 땅이라는 시간과 공간의 한계를 떠나 모든 시간, 모든 곳에 있는 당신의 사람들 곁으로 오셨습니다. 이것이 바로 사도신경의 '하늘에 오르시어'라는 고백에 담긴 영적인 의미이고, 그래서 이 고백은 너무나도 중요한 것입니다.

그런데 이 여섯 번째 신앙의 고백은 '하늘에 오르시어'로 끝나는 것이 아니라, '전능하신 아버지 하나님 우편에 앉아 계시다가'로 이어지고 있다는 것이 중요합니다. 이것을 좀 더 정확하게 표현하면, '나는 우리 주 예수 그리스도가 죽음에서 부활한 후 하늘에 올라가셔서 지금 전능하신 하나님 우편에 앉아 계심을 믿습니다'라는 고백입니다. 그렇다면 이것은 무슨 뜻입니까? 승천하심으로 모든 시간, 모든 곳에 계신다는 것, 즉 지금 이곳에 나와 함께 계신다는 것은 분명히 믿겠는데, 그렇게 계시면서 무엇을 하신다는 것입니까? 이에 대한 정확한 대답이 에베소서 1장 20-22절에 기록되어 있습니다.

> "그의 능력이 그리스도 안에서 역사하사 죽은 자들 가운데서 다시 살리시고 하늘에서 자기의 오른편에 앉히사 모든 통치와 권세와 능력과 주권과 이 세상뿐 아니라 오는 세상에 일컫는 모든 이름 위에 뛰어나게 하시고 또 만물을 그의 발아래에 복종하게 하시고 그를 만물 위에 교회의 머리로 삼으셨느니라."

부활하신 주님은 하늘로 승천하시어 한정된 시간과 공간을 떠나 모든 시간과 공간 가운데 거하면서 이 세상을 통치하고 계십니다. 이 '통치하심'이 바로 '전능하신 하나님 우편에 앉아 계심'의 의미입니다. 그냥 저 멀리 떨어진 하늘 한편에서 쉬고 계시는 것이 아니라, 지금 우리 가운데 거하면서 이 세상을 그리고 우리의 삶을 다스리고 계시는 것입니다.

이 신앙 고백을 사도신경의 여섯 번째 고백이 하고 있는 것입니다. 이것은 사도신경 가운데 가장 구체적이며 가장 강력한 고백입니다. 다른 이유를 댈 것 없이 '지금 주님이 나와 함께하시며 통치하고 계심을 믿습니다'라는 고백이기에 그렇습니다. 상황이든 마음이든 우리가 어떤 어려움 가운데 있다 할지라도, 우리의 대적 마귀가 우리를 아무리 협박하고 뒤흔든다 할지라도, 이것이 그 모든 것을 이길 수 있는 아주 구체적이고 강력한 신앙 고백이기에 그렇습니다.

이를 잘 보여 주는 이야기가 바로 '야곱의 벧엘 체험'입니다. 우리는 믿음의 조상인 아브라함, 이삭, 야곱, 요셉의 이야기를 읽을 때 아브라함이나 요셉에게는 많은 점수를 주지만 야곱은 그의 인간적인 모습에 종종 가볍다고 생각하는 경향이 있습니다. 하지만 네 명의 믿음의 조상들 가운데 우리에게 가장 직접적이면서도 가까운 사람은 야곱입니다. 우선은 우리가 야곱을 가장 많이 닮았기 때문입니다. 그래서 성경도 이스라엘 백성을 야곱의 열두 아들로부터 시작하면서 나라의 이름도 야곱의 또 다른 이름인 이스라엘로 한 것이 아니겠습니까? 야곱이 비록 여러 가지로 욕심도 많고 잔머리도 많이 굴리는 등 그로 인해 어렵고 힘든 삶을 산 건 사실이지만, 그렇기 때문에 야곱의 신앙은 너무나도 구체적이고 강력합니다. 그는 누구보다도 신앙 때문에 살았고, 신앙 때문에 승리한 사람이었습니다.

이런 야곱의 신앙의 근본이 된 것이 바로 '벧엘에서의 체험'이었습니다. 이 '벧엘에서의 체험'이 얼마나 중요했던지, 나중에 딸 디나 때문에 두 아들인 시므온과 레위가 하몰의 아들 세

겜과 그 부족들을 다 죽이는 어리석은 일을 벌이고 그로 인해 그의 온 가족이 죽임을 당할 수밖에 없는 위험에 처했을 때 하나님이 그에게 주신 말씀이 '벧엘로 올라가라!'였을 정도입니다. 그렇습니다. 야곱의 신앙은 바로 그 '벧엘의 체험'에서 시작된 것입니다.

그렇다면 야곱의 벧엘의 체험이라는 것은 무엇입니까? 그것은 창세기 28장에 나오는 대로, 그가 아버지를 속여서 형 에서의 축복을 가로채고는 형을 피해 하란으로 도망갈 때 루스라는 빈 들에서 돌베개를 베고 잠을 자면서 꿈을 꾸었던 사건입니다. 정말 외롭고 힘들고 불안한 그 밤, 장소도 빈 들이고 베고 자는 베개도 돌베개인 춥고 힘들었던 그 밤에 꿈에서 하늘에 닿은 사다리로 하나님의 사자가 오르락내리락하는 것을 보았고, 그러면서 '아브라함의 언약'을 말씀하시는 하나님의 음성을 듣게 된 바로 그 체험입니다. 그렇게 꿈을 꾸고 나서 "여호와께서 과연 여기 계시거늘 내가 알지 못하였도다"(창 28:16)라고 고백하면서, 그곳이 바로 하나님의 집이고 하늘의 문이라고 말하면서 그 돌베개를 세워 기름을 붓고 그곳 이름을 '벧엘'(창 28:19), 즉 하나님의 집이라고 명명했던 바로 그 체험입니다.

그렇다면 이 '벧엘의 체험'이 뜻하는 핵심은 무엇입니까? 그것은 야곱이 꿈을 꾸고 나서 했던 고백, "여호와께서 과연 여기 계시거늘 내가 알지 못하였도다"라는 고백입니다. 아버지를 속이고 집을 떠나 빈 들에 와 있으면서 그는 철저히 혼자인 줄 알았는데, 아버지뿐 아니라 하나님에게서도 멀리 떠나 헤매고 있다고 생각했는데, 그 놀라운 체험으로 너무나 강력하게 깨달은 은혜가 바로 '하나님이 여기 나와 함께 계시다'라는 것이었습니다. 야곱이 자신의 인생의 모든 여정을 하나님이 주장하고 인도하고 계시다는 것을 깨달은 바로 그 고백이 바로 벧엘의 체험인 것입니다.

그 후 야곱은 바로 그 신앙, 그 체험으로 살았습니다. 그 신앙의 고백은 야곱이 드린 가장 구체적이고 강력한 고백일 뿐 아니라, 오고 오는 시간 속에 모든 신앙인들에게 있었던 그리고 있어야 하는 신앙 고백이 되었습니다. 바로 그 고백을 사도신경의 여섯 번째 고백인 '하늘에 오르시어 전능하신 아버지 하나님 우편에 앉아 계시다가'라는 내용으로 모든 그리스도인들이 그리고 우리가 하는 것입니다.

아무리 힘들고 불안하고 어려운 상황 가운데 있다 할지라도, 그래서 마음이 무너져 내리고 있다 할지라도 이 사실만은 꼭 기억하고 붙드십시오. '우리 주님이 나와 함께 계시며, 우리 주님이 통치하고 계신다.' 참신앙은, 신앙으로 살아간다는 것은 바로 이 고백을 온전히 드리는 것입니다.

주님이 안 계시는 것 같은 상황, 철저히 혼자인 것 같은 그 무너진 마음 안에서 불현듯 성령의 능력 가운데 '아니다. 주님이 지금 나와 함께 계신다. 나의 가장 깊고 어둡고 혼돈스러운 이 자리에 주님이 함께 계신다'는 사실을 믿음으로 고백하고 깨닫는 것이 참신앙입니다. 마귀가 아무리 자기가 권세이고 모든 것을 다 다스리는 것처럼 발호해도, '아니다. 주님이 다스리신다. 나의 주님이 통치하신다!' 하며 믿음으로 고백하고 선포하는 것이 신앙인 것입니다. 이러한 고백으로 그 모든 것을 넉넉히 이기고 우리에게 주신 이 신앙의 길을 힘 있게 걸어가는 것, 그것이 주님의 제자요, 그리스도인이 보여야 할 삶의 모습입니다.

믿음으로 고백하십시오. 이 신앙을 선포하십시오. 구체적으로 강력하게 외치십시오. "주님, 주님이 지금 저와 함께 계심을 믿습니다. 주님이 지금 온 세상을 통치하고 계심을 믿습니다."

● '하늘에 오르시어'로 시작하는 고백은 '전능하신 아버지 하나님 우편에 앉아 계시다가'로 이어지고 있다는 것이 중요합니다.

● '하늘에 오르시어 전능하신 아버지 하나님 우편에 앉아 계시다가'는 공간의 이동을 의미하지 않습니다. 공간의 한계를 극복하고 바로 우리 곁에 오신 것을 의미합니다.

● 벧엘 체험의 핵심은 야곱의 인생의 모든 여정을 하나님이 주장하고 인도하고 계시다는 것을 깨달은 이 고백, "여호와께서 과연 여기 계시거늘 내가 알지 못하였도다"(창 28:16)입니다.

● 하나님은 언제나 우리와 함께하시며, 어떤 상황 속에서도 우리는 하나님의 통치 안에 있다는 것을 고백해야 합니다.

1. '하늘에 오르시어 전능하신 아버지 하나님 우편에 앉아 계시다가' 라는 고백이 이전까지는 당신에게 어떤 의미였나요?

2. 예수님이 승천하신 것은 우리에게 어떤 유익을 주나요?

3. 당신은 '벧엘의 체험'을 경험한 적이 있나요? 당신의 삶에서 하나님이 없다고 생각될 때는 언제인가요?

4. 우리 삶에서 주님의 통치하심을 드러낼 수 있는 방법이 있다면 무엇인가요? 그것을 위해 우리는 무엇을 할 수 있을지 생각해 봅시다.

# 9. / 주의 재림을
# 기다리는 신앙

"우리가 예수께서 죽으셨다가 다시 살아나심을 믿을진대 이와 같이 예수 안에서 자는 자들도 하나님이 그와 함께 데리고 오시리라 우리가 주의 말씀으로 너희에게 이것을 말하노니 주께서 강림하실 때까지 우리 살아 남아 있는 자도 자는 자보다 결코 앞서지 못하리라 주께서 호령과 천사장의 소리와 하나님의 나팔 소리로 친히 하늘로부터 강림하시리니 그리스도 안에서 죽은 자들이 먼저 일어나고 그 후에 우리 살아 남은 자들도 그들과 함께 구름 속으로 끌어 올려 공중에서 주를 영접하게 하시리니 그리하여 우리가 항상 주와 함께 있으리라 그러므로 이러한 말로 서로 위로하라"(살전 4:14-18).

사도신경, 즉 사도들의 신앙 고백을 따라 우리의 신앙을 고백하는 이유가 무엇입니까? 앞에서도 살폈지만, 가장 중요한 것은 다음의 두 가지 이유 때문입니다.

1. 성도들의 아름다운 연합을 위해
2. 미혹하는 자, 즉 이단과 싸워 이기기 위해

우리의 신앙 고백에는 언제나 이 두 가지 목적이 분명히 담겨 있어야 합니다. 이 두 가지 사이에서 어느 것도 포기하지 않고 균형을 이루는 것이 너무나도 중요합니다.

이단, 우리의 대적 마귀의 세력과 싸워 이겨야 한다고 해서 날카롭게만 대응한다면 그것은 올바른 방법이 아닙니다. 진리를 지키고 대적들과 싸워 이겨야겠다는 생각에 공동체 안에서 서로 판단하고 야단치고 정죄하면서 성도 됨의 아름다움과 신앙생활의 축복을 온전히 누리지 못한다면 그것은 정말 잘못된 것입니다.

이것을 잘 보여 주는 것이 요한계시록에 기록된 소아시아 일곱 교회에 대한 주님의 말씀 가운데 가장 먼저 언급되는 에베소교회에 대한 말씀입니다.

"내가 네 행위와 수고와 네 인내를 알고 또 악한 자들을 용납하지 아니한 것과 자칭 사도라 하되 아닌 자들을 시험하여 그의 거짓된 것을 네가 드러낸 것과 또 네가 참고 내 이름을 위하여 견디고 게으르지 아니한 것을 아노라"(계 2:2-3).

그들의 이단과 대적 마귀와의 싸움은 칭찬받을 만했습니다. 속이는 것들의 실체를 드러내고, 그 실체들과 싸우고, 그 세력들을 용납하지 않고, 싸움이 힘들어도 잘 견디는 등 그 모든 일에 참 열심이며 부지런했던 사람들입니다. 하지만 이런 에베소교회를 향해 주님이 책망하신 것이 있습니다. 회개하지 않으면 촛대를 그 자리에서 옮기겠다고 하셨습니다(계 2:5).

"그러나 너를 책망할 것이 있나니 너의 처음 사랑을 버렸느니라"(계 2:4).

그들이 '처음 사랑을 버렸다는 것'입니다. 신앙의 감격과 은혜 그리고 성도들과 함께 아름다운 공동체를 이루는 그 사랑을 잃어버린 사실을 책망하고 계신 것입니다. 아주 무섭게 그리고 안타깝게 말입니다.

성도의 아름다운 연합과 대적 마귀, 이단과의 치열한 싸움, 이 두 가지는 결코 놓쳐서는 안 되는 신앙 고백의 이유이며 우리 신앙의 밸런스입니다. 바로 이러한 관점에서 봐야 할 중요한 고백이 사도신경의 일곱 번째 고백이면서 성자 예수님에 대한 여섯 가지 고백 중 마지막 고백인 '거기로부터 살아 있는 자와 죽은 자를 심판하러 오십니다'라는 신앙 고백입니다. 이 고백은 주님의 다시 오심, 즉 우리의 신앙 가운데 정말 중요한 '재림 신앙'에 대한 말씀입니다.


## 재림 신앙에 대한 세상의 공격

그런데 사도신경의 이 일곱 번째 신앙 고백은 대적의 공격을 비롯해서 이단들이 가장 많이 나온 가장 골치 아픈 내용입니다. 대적들은 재림 신앙에 대해 다음 세 가지 면에서 교회를 공격해 왔습니다.

### ••• 재림은 없다는 주장

재림이라는 게 어디 있느냐는 것입니다. 재림이 있다면 왜 아직도 오지 않고 있느냐는 것입니다. 분명 속히 온다고 했고(계 3:11), 이 세대가 지나기 전에 온다고도 했고(마 24:34), 심지어 죽기 전에 볼 자들도 있다고 했는데(마 16:28), 이렇게 재림이 늦어지고 있으니 결국 재림은 없는 것이 아니냐는 공격들이 초대 교회 때부터 지금까지 이어지고 있습니다. 이는 우리의 신앙 전체를 뒤흔드는 공격이 아닐 수 없습니다.

### ••• 재림을 그릇되게 강조함

많은 이단들이 재림을 가지고 사람들을 미혹하고 현혹합니다. 그 시간과 방법에 대해 잘못된 계시를 가지고 사람들을 미혹하거나 협박을 합니다. 말 그대로 사람들의 영혼을 탈탈 털어 가는 것입니다. 지금까지 있어 왔던 이단들 가운데 약 70퍼센트 이상이 이 재림을 왜곡하는 이단이었을 것입니다. 재림에 대한 왜곡은 지난 이천 년 동안 한결같이 먹히는 이단들의 단골 메뉴였습니다.

### ●●● 재림 예수라고 사칭함

재림을 왜곡할 뿐 아니라 심지어 자신이 재림 예수라고 주장하는 이단들이 너무 많습니다. 마귀의 능력으로 조그마한 기적이나 능력을 행하고는 그것을 가지고 사람들을 미혹하면서 스스로를 재림 예수라고 하는 이단 교주들이 너무나 많습니다. 그런데 그렇게 가짜임이 밝혀지고 또 밝혀져도 계속 재림 예수라고 사칭하는 이들이 나온다는 것은 그만큼 이것이 계속 먹힌다는 뜻입니다. 영적인 미혹 앞에 인간은 정말 무력하고 어리석습니다.

## 재림 신앙에 관한 다양한 견해

대적들의 공격 외에도 주님의 재림에 대한 내부적인 신학적 논쟁 또한 만만치 않게 복잡합니다. 이것이 서로 갈등하고 분리되게 하는 것이 되기도 합니다. 물론 갈등을 조장하는 이단들 때문에 더 그런 것도 있지만 말입니다.

주님의 재림, 즉 종말에 대한 신학적인 입장들이 다양한데, 그것은 성경에 나오는 몇 가지 요소들 때문에 만들어진 것입니다.

### ●●● 천년왕국

요한계시록 20장에 나오는 '천 년 동안 왕 노릇할 것'이라는 말씀에서 나온 것으로, 이것은 예수 그리스도의 재림이 이 천년왕국과 어떻게 연관되는가에 따라 다시 세 가지로 나누어집니다.

**전천년설:** 예수 그리스도의 재림이 천년왕국 전에 있다는 설입니다. 역사적 전천년설, 세대주의 전천년설이 여기에 해당합니다. 성도들에게 가장 익숙한 것은 세대주의 전천년설인데, 이것은 성경적으로 바르지 않습니다.

**후천년설:** 예수 그리스도의 재림이 천년왕국 후에 있다는 설입니다. 이것은 낙관주의적 관점으로서 현실적으로 볼 때 타당하다고 할 수 없습니다.

**무천년설:** 천년왕국은 따로 있는 것이 아니라는 설입니다. 천년왕국을 부정하는 것이 아니라, 이 지상이 아닌 영적인 세계에서 주님의 통치가 이루어지고 있다는 것으로서 개혁주의 신앙에서 가장 많이 지지하는 가설입니다.

### ●●● 7년 대환난

다니엘서와 요한계시록을 근거로 주님이 재림하실 때 큰 환난이 있을 것이라고 주장하는 이론입니다.

### ●●● 휴거

데살로니가전서 4장 17절 말씀에 근거한 것입니다. 주님이 재림하실 때 이 땅의 성도들이 공중으로 들림을 받는다는 주장으로 한자로 '휴거'(携擧)라 합니다.

> "그 후에 우리 살아남은 자들도 그들과 함께 구름 속으로 끌어올려 공중에서 주를 영접하게 하시리니 그리하여 우리가 항상 주와 함께 있으리라."

그런데 '7년 대환난'과 '휴거'도 몇 가지 설로 나누어집니다.

1. 환난 전 휴거설
2. 환난 후 휴거설
3. 환난 중간 휴거설
4. 부분 휴거설
5. 무 휴거설

이것을 이해하거나 한 가지를 주장하려고 하지 마십시오. 이는 아직도 해결되지 않은 논쟁들입니다.


## 재림 신앙을 고백해야 하는 이유

이렇게 골치 아픈 것이 바로 '주님의 재림'에 대한 신앙 고백인데 우리는 이것을 어떻게 해야 할까요? 사도들의 고백을 보십시오.

> "이르되 갈릴리 사람들아 어찌하여 서서 하늘을 쳐다보느냐 너희 가운데서 하늘로 올려지신 이 예수는 하늘로 가심을 본 그대로 오시리라 하였느니라"(행 1:11).

사도들은 분명히 보고 들었습니다. 그래서 그들은 '거기로부터 살아 있는 자와 죽은 자를 심판하러 오십니다'라고 고백하면서 주님의 재림을 의심하고 부정하는 자들과 싸웠던 것입니다. 그리고 동시에 주님의 재림을 왜곡하면서 그것을 가지고 마치 자신들이 어떤 계시를 받은 것처럼 협박하고 미혹하는 자들에 맞서 단호하게 싸웠던 것입니다.

우리도 그렇게 해야 합니다. 우리도 사도들과 동일하게 고백하면서 바로 그런 싸움을 싸워야 합니다. 하지만 이것이 이단 또는 대적 마귀와 싸우기 위해서만 고백하는 신앙 고백이어서는 안 됩니다. 이 고백은 우리가 가진 아름다운 은혜이며 우리가 서로 나누어야 할 놀라운 하늘의 축복입니다.

"주께서 호령과 천사장의 소리와 하나님의 나팔 소리로 친히 하늘로부터 강림하시리니 그리스도 안에서 죽은 자들이 먼저 일어나고 그 후에 우리 살아남은 자들도 그들과 함께 구름 속으로 끌어 올려 공중에서 주를 영접하게 하시리니 그리하여 우리가 항상 주와 함께 있으리라 그러므로 이러한 말로 서로 위로하라"(살전 4:16-18).

그렇습니다. 다른 어떤 것보다 주님의 재림을 고백하는 신앙은 성도가 함께 나눌 수 있는 최고의 위로입니다. 우리는 이땅의 험하고 힘든 시간들을 주님의 사람이기에 편한 길로 가지 않고 믿음을 지키며 살아갑니다. 그런 우리에게 있어 주님이 당신의 시간에 반드시 강림하신다는 사실은(어떤 방식이든 상관없이), 그래서 우리가 주님을 만나고 그분과 함께 있게 된다는 사실은 생각만 해도 눈물이 나는 은혜가 아닐 수 없습니다.

미국에서 목회할 당시 예배 중에 〈위에 계신 나의 친구〉(새찬

송가 92장)라는 찬송을 부르는데, 4절 가사에 왈칵 울음이 터져 나와 더 이상 찬송을 부를 수 없을 정도로 은혜를 받았던 기억이 있습니다.

    그날이 와 황금 길에 그의 영광 바라보며
    그의 팔로 날 안을 때 만나 보리 나의 친구

주님을 만나 뵙는 날 주님의 은혜의 품에 안겨 이 땅에서 믿음으로 견뎌 온 시간들을 위로받을 때 서러움이 함께 터져 나오는 것을 미리 경험한 것 같았습니다. 바로 이런 은혜입니다. '거기로부터 살아 있는 자와 죽은 자를 심판하러 오십니다'라는 신앙의 고백이 담고 있는 은혜 말입니다.

우리는 주님의 재림에 대한 이 고백을 하면서 다음과 같은 영적 은혜를 받습니다. 이것은 다른 말로 '종말론적 신앙'이라고 할 수 있습니다.

● ● ● **영적으로 늘 깨어 있게 된다**

주님이 곧 오시기에, 오셔서 모든 사람을 심판하실 것이기에 우리는 늘 깨어 있을 수밖에 없습니다. 세상일에 파묻혀 신앙의 방향이나 영성을 잃어버린 채 정신없이 살다가 주님을 만

날 수는 없습니다. 세상에서 부끄러운 모습으로 있다가 주님을 뵐 수는 더더욱 없는 일입니다.

앞선 장에서 이야기했던 사찰 집사님의 부인과 관련된 일화가 하나 있습니다. 청년 시절, 하루는 교회 마당에 있는 수돗가에서 교회학교 일을 준비하다가 거기에서 집안일을 하고 있는 부인 집사님과 이야기를 나누게 되었습니다. 당시 집사님 옆에는 이제 돌이 갓 지난 막내아들이 있었는데, 제가 무슨 이야기를 하다가 이렇게 말했습니다. "집사님, 현욱이가 커서 장가 갈 때는 제가 결혼 예배 주례를 해 드릴게요." 그러자 집사님이 저를 쳐다보면서 "유 선생님, 그때까지 주님이 오시지 않을까요?" 하시는데, 그 표정이 정말로 진지하고 순수해서 충격을 받았던 기억이 있습니다. 정말 주님이 곧 오신다는 믿음으로 깨어 있는 분이셨습니다. 30년 정도 후의 이야기를 하니 당연히 주님이 오시지 않겠는가를 진지하게 물은 것입니다. 저는 그날 정말 부끄러웠고, 정말 큰 은혜를 받았습니다.

'거기로부터 살아 있는 자와 죽은 자를 심판하러 오십니다.' 이 신앙 고백은 깨어 있는 영성의 고백입니다. 결코 세상과 삶에 파묻히거나 떠내려가지 않는 신앙의 고백입니다.

### ●●● 세상을 이기는 능력을 받게 된다

앞서 이야기한 것처럼, 우리 주님이 다시 오신다는 것은 위로입니다. 우리 눈에서 모든 눈물을 닦아 주시는 하늘의 위로입니다. 그리고 능력입니다. 이 세상의 모든 것을 이기고 신앙의 길을 걸어갈 수 있는 능력입니다.

주님이 수차례에 걸쳐 다시 올 거라고 말씀하신 이유는 단지 깨어 있으라고, 조심하라고 경계하기 위해서만이 아닙니다. 정말 더 강력한 이유는 그러니까 힘내라고, 포기하지 말고 감당하라고, 너의 모든 수고가 헛되지 않을 거라고 용기를 불어넣어 주시기 위해서입니다. 이것이 진짜 이유입니다. 그렇기에 종말론적인 신앙은 세상에 굴복하지 않습니다. 세상의 그 모든 것을 넉넉히 이기기 때문입니다.

### ●●● 사명을 끝까지 감당하는 결단을 하게 된다

고형원 선교사님과 아르헨티나에서 열린 코스타 집회를 함께 섬긴 적이 있습니다. 그곳에서 고형원 선교사님이 만든 〈땅 끝에서〉라는 찬양을 부르기 전에 그 찬양을 만든 마음을 나누어 주어 들을 수 있었는데, 그때 선교사님은 눈물을 글썽이면서 이렇게 말씀하셨습니다.

"제 마음의 간절한 소원이 있다면 땅 끝에서 주님을 뵙는 것입니다. 땅 끝까지 이르러 내 증인이 되라고 하셨는데, 편한 곳, 안락한 곳에서 다시 오신 주님을 뵙는 것이 아니라 정말 땅 끝에서 주님을 뵙고 싶습니다. 이곳이 남미 아르헨티나이고 한국의 정반대쪽이어서 더욱 그 생각을 하게 됩니다. 땅 끝에서 주님을 뵙되 그냥 빈손이 아니라, 주님께 드릴 열매를 가득 안고 주님을 뵙고 싶습니다."

그날 그 찬양을 함께 부르면서 정말 많은 은혜를 받았고, 지금도 부를 때마다 그때의 감동이 밀려옵니다.

'거기로부터 살아 있는 자와 죽은 자를 심판하러 오십니다.' 성도는 이 고백을 통해 결단을 하는 것입니다. '주님이 다시 오실 때까지 제게 맡기신 사명을 감당하면서 빈손이 아니라 열매를 가지고 주님을 뵙겠습니다.' 다시 한 번 결단하고, 다시 한 번 힘을 얻는 것입니다. 이것이 진짜 종말론적인 신앙입니다.

재림 신앙은 바로 종말론적인 신앙입니다. 이것은 영적으로 치열하게 싸워 이기는 신앙인 동시에 우리에게 주신 은혜를 생생하게 누리고 나누는 신앙입니다. '거기로부터 살아 있는 자와 죽은 자를 심판하러 오십니다'라는 고백을 드릴 때마다 그렇게 강력하고 아름다울 수 있기를 바랍니다.

● '거기로부터 살아 있는 자와 죽은 자를 심판하러 오십니다'라는 고백은 재림에 대한 신앙 고백이고, 이것은 '재림 신앙'에 대한 말씀입니다.

● 대적들은 이 고백에 대해 세 가지 면에서 공격했습니다. 재림은 없다는 주장, 재림을 그릇되게 강조하는 것, 재림 예수라 사칭하는 자들이 그것입니다.

● 우리는 이 신앙 고백으로 이단과 대적 마귀와 싸워야 합니다. 동시에 이 고백은 성도가 함께 나눌 수 있는 최고의 위로입니다.

● 우리는 이 재림에 대한 고백으로 세 가지 영적 은혜를 받습니다. 영적으로 늘 깨어 있게 되고, 세상을 이기는 능력을 받게 되며, 사명을 끝까지 감당하는 결단을 하게 됩니다.

● 재림 신앙은 종말론적인 신앙입니다. 영적으로 치열하게 싸워 이기는 신앙인 동시에 우리에게 주신 은혜를 생생하게 누리고 나누는 신앙입니다.

1.  종말에 대한 신학적 입장들이 다양합니다. 기억나는 것이 있다면 무엇인가요?

2.  '거기로부터 살아 있는 자와 죽은 자를 심판하러 오십니다'라는 신앙 고백에 대해 이전까지 잘못 알고 있었거나 새롭게 알게 된 사실이 있다면 무엇인가요?

3.  당신은 그동안 재림 신앙, 종말 신앙에 대해 어떤 생각을 가지고 있었나요?

4.  '거기로부터 살아 있는 자와 죽은 자를 심판하러 오십니다'라고 고백하며 주신 사명을 감당하기 위해 오늘 당신의 삶 속에서 순종할 것 한 가지를 결단해 봅시다.

# 10. / 나는 성령을 믿습니다

"그러나 내가 너희에게 실상을 말하노니 내가 떠나가는 것이 너희에게 유익이라 내가 떠나가지 아니하면 보혜사가 너희에게로 오시지 아니할 것이요 가면 내가 그를 너희에게로 보내리니 그가 와서 죄에 대하여, 의에 대하여, 심판에 대하여 세상을 책망하시리라 죄에 대하여라 함은 그들이 나를 믿지 아니함이요 의에 대하여라 함은 내가 아버지께로 가니 너희가 다시 나를 보지 못함이요 심판에 대하여라 함은 이 세상 임금이 심판을 받았음이라 내가 아직도 너희에게 이를 것이 많으나 지금은 너희가 감당하지 못하리라 그러나 진리의 성령이 오시면 그가 너희를 모든 진리 가운데로 인도하시리니 그가 스스로 말하지 않고 오직 들은 것을 말하며 장래 일을 너희에게 알리시리라"(요 16:7-13).

사도신경은 열두 개의 '나는 믿는다'라는 신앙 고백으로 되어 있다고 했습니다. 첫 번째는 바로 성부 하나님에 대한 믿음의 고백이었습니다. 그리고 두 번째부터 일곱 번째까지는 성자 예수님에 대한 믿음의 고백이었습니다. 이제 여덟 번째로 삼위 하나님 가운데 한 분이신 성령 하나님에 대한 믿음의 고백이 나옵니다.

그런데 성령 하나님에 대한 고백은 우리를 살짝 당황스럽게 합니다. 너무 짧고 간단해서 그렇습니다. '나는 성령을 믿으며.' 아무런 수식어도 없고, 어떤 설명이나 구체적인 예도 들지 않은 이 간단한 고백이 우리를 조금, 아니 매우 당황스럽게 만듭니다. 성자 예수님에 대해서는 여섯 가지로 그렇게 구체적으로 고백했는데 왜 성령 하나님에 대해서는 이렇게 간단하게 끝내는 걸까요?

사도신경에 대한 어떤 강해를 보니 당시 그리스도론, 즉 기독론에 대해서는 아주 문제가 많았기에 그것은 비교적 자세히, 구체적으로 고백하게 했지만, 성령님에 대해서는 신학적으로 정립된 것이 없어서 이렇게 간단하게 언급만 한 것이라고 설명되어 있었습니다. 솔직히 이 강해의 내용이 더 당황스러웠습니다. 이런 설명은 오히려 성령님을 두 번 죽이는 것과 같습니다.

우리는 성령 하나님에 대한 이 신앙 고백에 당황할 필요가 없습니다. 이 고백은 절대로 성령 하나님을 상대적으로 무시한 것이 아니기 때문입니다. '나는 성령을 믿으며'라는 이 고백은 결코 성령 하나님이 계시다는 것, 즉 성령 하나님의 존재에 대한 믿음의 고백이 아니기 때문입니다. 물론 성부 하나님과 성자 예수님에 대한 신앙 고백도 단지 하나님의 존재를 믿는다는 고백만은 아니지만, 특히 이 성령 하나님에 대한 고백은 절대로 성령의 존재를 믿는다는 것이 아닌, 성령 하나님의 사역, 그 역사하심을 믿는다는 고백인 것입니다.

그러므로 엄밀하게 말해서 성령 하나님에 대한 신앙 고백은 '나는 성령을 믿으며'라는 이 여덟 번째 고백으로 끝나지 않습니다. 뒤이어 나오는 네 개의 고백, 즉 '거룩한 공교회와 성도의 교제와 죄를 용서받는 것과 몸의 부활과 영생을 믿습니다'라는 이 고백이 성령을 믿는다는 신앙 고백의 구체적인 내용으로 설명되고 있는 것입니다. 물론 마지막 네 가지 고백은 '교회와 성도에 대한 믿음의 고백'으로 따로 분류할 수 있지만, 바로 그 네 개의 고백이 엄밀하게 말하면 성령님의 사역으로 볼수 있다는 것입니다.

이것이 확실하다고 할 수 있는 것은, 사도신경의 라틴어 원문을 보면 '나는 성령을 믿으며'라는 고백에서 'Credo'(나는 믿는다)를 사용하고 나서 이어지는 고백들은 모두 쉼표로 연결하고 있습니다. 즉 성령을 믿는다는 것에 계속 이어지는 신앙 고백이라는 것입니다.

정리하면, '나는 성령을 믿으며'라는 이 고백은 '성령의 역사하심을 믿습니다'라는 의미의 고백입니다. 그리고 이것은 그런 성령의 역사가 있다는 것을 믿는다는 고백이 아니라, '그 역사하심이 우리 가운데 있음을 믿으며, 그 역사하심으로 우리가 이 세상에서 성도로 살아갈 수 있음을 믿으며, 그래서 그 역사하심을 정말 사모합니다'라는 신앙 고백인 것입니다.

## 성령의 역사하심이란 무엇인가

그렇다면 성령님의 역사하심이란 구체적으로 무엇입니까? 한 두 마디로 정의할 수 없지만, 성경에 나오는 성령님의 역사하심에 대한 말씀들을 보면, 특히 예수 그리스도가 증언하신 성령님에 대한 말씀들을 보면 성령의 주된 역사하심은 다음 세 가지입니다.

### ●●● 관계를 맺어 주심

"그러므로 내가 너희에게 알리노니 하나님의 영으로 말하는 자는 누구든지 예수를 저주할 자라 하지 아니하고 또 성령으로 아니하고는 누구든지 예수를 주시라 할 수 없느니라"(고전 12:3).

예수 그리스도를 주로 고백하게 하시는 분은 성령님입니다. 하나님을 아버지라고 부를 수 있게 하시는 분도 성령님입니다. 성령님은 이렇게 성부 하나님, 성자 하나님과의 관계를 맺어 주십니다.

성령님은 또한 성도가 서로 한 지체가 되게 하십니다. 그래서 한 가족, 공동체를 이루게 하십니다. 성도 사이의 아름다운 교제, 즉 코이노니아가 가능하게 하시는 분이 바로 성령님입니다.

그렇습니다. 성령님의 역사하심 가운데 가장 중요한 것은 바로 관계를 맺어 주시는 것입니다.

### ●●● 깨닫게 하심

성령님에 대해 가장 정확하게 그리고 가장 적극적으로 소개하신 분은 바로 예수 그리스도, 우리 주님이십니다. 물론 구약 시대에도 성령님은 종종 나오십니다. 신약에 와서도 예수님이 성령으로 잉태되신 것처럼, 또 세례 요한에게 세례를 받고 물에서 올라오실 때 성령이 비둘기같이 임하셨던 것처럼, 또 광야에서 40일간 금식하실 때 그 모든 것을 성령님이 이끄셨던 것처럼 그리고 그 이후 공생애 내내 계속해서 성령님이 예수님과 함께하셨던 것처럼 성령님은 계속 계셨고, 계속해서 역사하셨습니다. 하지만 본격적으로 성령님을 역사의 무대에 소개하신 분은 바로 예수님이었습니다. 마치 당신의 구속 사역을 마무리하고 배턴을 넘기듯이 당신의 제자들에게 성령님을 소개하신 것입니다. 그 내용이 요한복음 16장 7절에 잘 표현되어 있습니다.

"그러나 내가 너희에게 실상을 말하노니 내가 떠나가는 것이 너희에게 유익이라 내가 떠나가지 아니하면 보혜사가 너희에게로 오시지 아니할 것이요 가면 내가 그를 너희에게로 보내리니."

그런데 예수 그리스도가 당신의 뒤를 이어서 사역하실 성령님을 소개하면서 그분의 사역 가운데 매우 강조하시는 것이 있습니다. 다음 절을 보십시오.

"그가 와서 죄에 대하여, 의에 대하여, 심판에 대하여 세상을 책망하시리라"(요 16:8).

여기에서 '책망하다'는 헬라어로 '엘렝코'(ἐλέγχω)라 하는데, 이는 '드러내다, 폭로하다'라는 뜻입니다. 이것을 한글 성경에서는 '책망하다'라고 번역한 것입니다. 하지만 제가 볼 때 이 번역은 조금 잘못되었습니다. '책망하다'라는 단어 안에는 야단맞고 혼난다는 의미가 들어 있기에 그렇습니다. 위의 말씀에서 '엘렝코'의 정확한 의미는 '깨닫게 하다'입니다. 혼내고 야단치는 의미가 아니라, 본인 스스로 깨닫는 것입니다. 그것이 죄라는 것을, 무엇이 의로운 것인지를, 그러니 어떻게 살아야 하는지를 스스로 깨닫는 것입니다. 이러한 '깨닫게 하심'이 바로 성령님의 주된 사역입니다.

'엘렝틱스'(Elenctics)라는 것이 있습니다. 이것은 네덜란드의 개혁주의 선교신학자 바빙크(Herman Bavinck)가 그의 명저인 《선교학 개론》(성광문화사 역간)에서 말한 선교적인 용어와 이론입니다. 이는, 선교 사역은 무엇보다 복음이 없는 이방 땅에 가서 그들이 그동안 익숙하게 여겼던 그 모든 것이 죄임을, 무의미하고 헛된 것임을 복음의 진리로 깨닫게 해야 한다는 것입니다. 아주 탁월한 통찰입니다. 이 '엘렝틱스'가 요한복음 16장 8절의 '엘렝코', 즉 성령님의 중요한 사역 가운데 하나인 '깨닫게 하심'에서 온 것입니다.

그렇습니다. 성령님은 깨닫게 하시는 분입니다. 죄를 깨닫게 하시고, 의와 심판에 대해 깨닫게 하시는 분입니다. 하지만 성령님은 단지 잘못된 것만을 깨닫게 하시는 것이 아니라, 진리 자체를 깨닫게 하십니다.

> "그러나 진리의 성령이 오시면 그가 너희를 모든 진리 가운데로 인도하시리니 그가 스스로 말하지 않고 오직 들은 것을 말하며 장래 일을 너희에게 알리시리라"(요 16:13).

성령님은 진리의 성령이십니다. 그래서 진리를 깨닫게 하시는 것입니다. 구체적으로는 말씀을 깨닫게 하십니다. 하나님의 마음을 깨닫게 하십니다. 하나님의 사랑을 깨닫게 하십니다. 저주라고 하는 마귀의 속임수를 걷어내고 여전히 사랑한다고 하시는 그 진리를 깨닫게 하시는 것입니다.

성령님이 깨닫게 하시지 않으면 우리는 말씀의 깊은 의미와 진리를 알 수 없습니다. 또한 성령님이 깨닫게 하시지 않으면 우리는 말씀이 하나님의 살아 있는 음성으로 역사하시는 은혜를 누릴 수 없습니다. 우리는 성령님의 깨닫게 하시는 은혜를 반드시 받아야 합니다.

### ●●● 회복시키심

결론적으로, 성령님의 결정적인 사역은 바로 '회복시키심'입니다. 관계를 맺어 주시는 성령님은 죄로 인해 하나님과의 관계가 깨어지고 멀어졌던 모든 사람 가운데 회개의 영을 불어넣어 주시고 그 관계를 회복시키십니다. 예수 그리스도를 주로 고백하고 영접하게 하면서 그 십자가 대속의 은혜를 통해 모든 삶을 회복시키시는 것입니다. 그래서 예수님은 성령님을 소개하면서 그 이름을 '보혜사'라고 하셨던 것입니다.

이 보혜사라는 이름은 헬라어로 '파라클레토스'(παράκλητος)인데, 그 안에는 '보호자, 중재자, 변호하는 자'라는 뜻이 들어 있습니다. 그래서 우리는 성령님을 우리 곁에서 돕는 분으로 이해합니다. 그런데 이 '파라클레토스'에는 '상담자, 위로자'라는 뜻도 있습니다. 결국 '파라클레토스'로서의 성령님의 궁극적인 사역의 목표는 바로 우리의 회복입니다. 우리의 심령을 지키고 돕고 위로함으로 우리 안에 깨어진 하나님의 형상을 회복하게 하는 것이 바로 성령님의 사역인 것입니다.

그렇습니다. 성령님은 회복시키시는 분입니다. 주의 성령이 임하시면 그 심령 가운데, 그 공동체 속에 회복의 역사가 일어나는 것입니다. 무엇보다 먼저 하나님과의 관계가 회복되면서 우리의 마음도 회복되고, 우리의 꿈도 회복되고, 우리의 모든 관계도 다 회복되는 것입니다.

이런 성령의 역사에 관한 구체적인 예가 있습니다. 미국에서 찬양 사역자 이은수 목사님과 함께 사역한 적이 있는데, 그분이 만든 〈너는 내 아들이라〉라는 찬양의 가사를 쓴 이재왕 형제에 대한 이야기입니다. 이재왕 형제는 1967년생으로 선천적인 근육병 때문에 네 살 때부터 몸이 아파 의사들은 스무 살을 넘길 수 없다고 했습니다. 공부라고는 어머니 등에 업혀서 마친 초등학교가 전부였지만, 그는 신앙인으로서 혼자 힘으로 노력해서 500편의 찬송시를 남기고 33세에 세상을 떠났습니다.

그가 힘들고 어려운 시간들을 보내고 있던 20대 초반의 어느 날, 한없이 몸부림쳤지만 자기 자신이 너무 비참해서 그냥 그렇게 죽어 버리고 싶었을 때, 그런데 몸이 말을 듣지 않아 죽을 수도 없는 그 비참했던 순간에 들었던 무력함과 절망, 그리고 허무함과 싸우면서 말씀을 보게 되었는데, 그것이 시편 2편 7절 말씀이었습니다.

"내가 여호와의 명령을 전하노라 여호와께서 내게 이르시되 너는 내 아들이라 오늘 내가 너를 낳았도다."

그런데 그 말씀 가운데 '너는 내 아들이라 오늘 내가 너를 낳았도다'라는 구절이 그 순간 갑자기 살아 계신 하나님의 생생한 말씀으로 들려오면서 그의 심령 가운데 역사가 일어나기 시작했습니다. 너무 아프고 무력하고 비참해서 더 이상 살고 싶지도 않은 그에게 하나님이 시편의 말씀을 통해 '너는 내 아들이다. 내가 너를 십자가의 대속을 통해 낳았다'라고 말씀하시는데, 그 순간 무너졌던 마음이 다시 살아나는 역사가 있었다는 것입니다. '비록 아무것도 할 수 없는 몸이지만, 그럼에도 여전히 존귀하고 행복한 것은 이런 내가 하나님의 아들이니까… 이런 나를 우리 주님이 십자가에서 죽으면서 구원하셔서 하나님의 아들이 되게 하셨으니까….' 이런 벅차오르는 감격 가운데 써 내려간 찬송시가 바로 〈너는 내 아들이라〉입니다.

힘들고 지쳐 낙망하고 넘어져 일어날 힘 전혀 없을 때에

조용히 다가와 손잡아 주시며 나에게 말씀하시네

나에게 실망하며 내 자신 연약해 고통 속에 눈물 흘릴 때에

못 자국 난 그 손길 눈물 닦아 주시며 나에게 말씀하시네

너는 내 아들이라 오늘날 내가 너를 낳았도다

너는 내 아들이라 나의 사랑하는 내 아들이라

언제나 변함없이 너는 내 아들이라

나의 십자가 고통 해산의 그 고통으로 내가 너를 낳았으니

너는 내 아들이라 오늘날 내가 너를 낳았도다

너는 내 아들이라 나의 사랑하는 내 아들이라

이재왕 형제의 찬송시 〈너는 내 아들이라〉가 쓰인 모든 과정이 바로 성령의 역사입니다. 시편 말씀을 보면서 형제가 그것을 자신을 향해 주시는 하나님의 살아 있는 말씀으로 받게 하신 것, 예수 그리스도의 갈보리, 그 대속의 십자가를 통해 다시 태어나 하나님을 아바 아버지라고 부를 수 있게 되었음을 깨닫게 하신 것, 이로 인해 하나님과의 관계가 '아버지 하나님'으로 온전히 회복되게 하신 것이 성령님의 역사입니다. 무엇

보다 하나님이 자신을 버리신 것 같은 상황, 그래서 하나님에게 잊힌 자인 것 같은 마음에 '아니다. 너는 여전히 내 아들이다. 십자가 그 해산의 고통으로 내가 너를 낳았다'고 말씀하시는 은혜가 임하면서 하나님의 아들로 회복하게 된 역사가 바로 성령님의 사역인 것입니다.

성령의 역사는 지금도 모든 사람에게 일어나고 있습니다. '나는 성령을 믿습니다'라고 고백하는 모든 사람에게 지금도 동일하게 일어나고 있습니다.

성령님은 회복시키시는 분입니다.
주의 성령이 임하시면
그 심령 가운데, 그 공동체 속에
회복의 역사가 일어나는 것입니다.

다시 보기

● '나는 성령을 믿으며'라는 성령 하나님에 대한 고백은 성령 하나님의 사역, 그 역사하심을 믿는다는 고백입니다.

● 성령을 믿는다는 고백은 '그 역사하심이 우리 가운데 있음을 믿으며, 그 역사하심으로 우리가 이 세상에서 성도로 살아갈 수 있음을 믿으며, 그래서 그 역사하심을 정말 사모합니다'라는 신앙 고백입니다.

● 성령 하나님은 관계를 맺어 주시고, 깨닫게 하시며, 회복시키는 역사를 행하십니다.

● 성령의 역사는 지금도 '나는 성령을 믿습니다'라고 고백하는 모든 사람에게 일어나고 있습니다.

1. 성경을 통해 알 수 있는 성령님의 주된 역사하심 세 가지는 무엇인가요?

2. 당신의 삶에서 성령의 역사하심을 경험한 적이 있다면 언제인가요?

3. 지금 당신에게 일어나고 있는 성령의 역사는 무엇인지 생각해 보고 모든 믿는 자에게 동일하게 역사하시는 성령의 역사를 나누어 봅시다.

4. 삶에서 성령의 역사를 더욱 경험하고 고백하며 살아가기 위해 당신이 할 수 있는 일은 무엇인가요?

# 11. / 거룩한
## 공동체

"너희는 사도들과 선지자들의 터 위에 세우심
을 입은 자라 그리스도 예수께서 친히 모퉁잇
돌이 되셨느니라 그의 안에서 건물마다 서로
연결하여 주 안에서 성전이 되어 가고 너희도
성령 안에서 하나님이 거하실 처소가 되기 위
하여 그리스도 예수 안에서 함께 지어져 가느
니라"(엡 2:20-22).

사도신경은 말 그대로 '사도들의 믿음'입니다. 사도들의 믿음의 고백을 우리가 우리의 신앙 고백으로 받아들여서 '우리도 그렇게 믿습니다'라고 고백하는 것이 바로 사도신경입니다.

저는 여기서 아주 근본적인 질문을 하나 던지려고 합니다. '믿는다는 것'의 의미는 무엇입니까? 우리에게 어떤 말보다 중요한, 그래서 신앙생활하면서 가장 많이 사용하는 이 '믿는다'는 말에는 구체적으로 어떤 의미가 담겨 있습니까? 당신은 어떤 의미를 담아 믿는다는 말을 사용합니까? 당연히 알 것 같은데 선뜻 답하기가 어렵습니다. 이유는 그것이 그만큼 깊고 폭넓은 말이기 때문입니다. 그런데 우리에게는 이 '믿는다'라는 단어의 의미보다 그것이 우리에게 어떤 의미인지, 그것이 우리에게 어떤 신앙과 행동으로 나타나는지가 더 중요합니다.

미국 칼빈 신학교에서 철학 신학을 강의하고 계시는 강영안 교수님이 몇 해 전《믿는다는 것》(복있는사람)이라는 책을 쓰셨습니다. 아주 실제적이면서도 탁월한 책입니다. 교수님은 그 책에서 믿음의 내용보다는 믿음의 행위에 더 관심을 두고 강조하고 있습니다. 그래서 '질문하는 믿음', '응답하는 믿음' 그리고 '실천하는 믿음'으로 믿음에 대해 풀어 가고 있습니다. 이것이 정말 중요한 것은, 이것이 '믿는다는 것'에 대해 제대로 접근했기 때문입니다. 믿는다는 것이 우리에게 주는 중요한 의미는 바로 그 믿음이 우리에게 어떤 신앙의 모습으로 나타나는가, 그 믿음으로 우리가 어떻게 살아가는가 하는 것이기 때문입니다.


## '믿는다는 것'의 진정한 의미

이런 맥락에서 '믿는다는 것은 무슨 의미인가?'라고 할 때 그것은 무엇보다 두 가지 뜻을 가집니다.

### ●●● 의지하다/신뢰하다

사도신경의 '믿는다'에 해당하는 라틴어는 '크레도'입니다. 이 '크레도'는 '코르도'에서 온 단어인데, 이는 '심장을 바치다'라는 뜻입니다. 그렇기에 '믿는다'는 것은 정말 신뢰하고 의지하는 것을 말합니다. 자기의 심장을 바치는 것이기에, 모든 것을 다 드리고 맡기는 것이기에 그렇습니다. 따라서 '믿는다'는 고백은 '의지하다, 신뢰하다'라는 의미인 것입니다.


### ●●● 가장 가치 있다/가장 소중하다

'크레도'라는 단어에서 알아야 할 또 하나의 의미는, 그것이 '가장 가치 있고 소중하다'는 것입니다. 심장을 바칠 정도로 가치가 있고 소중하다는 것입니다.

믿는다는 것은 단지 그것이 진리임을 확신하는 정도가 아니라, 그것이 우리의 생명보다도 더 소중하고 가치 있음을 고백하고 선포하는 것입니다. 그래서 '믿음을 위해 목숨을 버릴 수 있는 것'입니다. 그래서 '믿음을 위해 우리의 온 삶을 다 드릴 수 있는 것'입니다. 그래서 '믿음 생활은 의미 있는 삶'인 것입니다. 그래서 '믿음 생활은 행복한 삶'인 것입니다.


'버킷 리스트'(Bucket List)라는 말이 있습니다. 별로 알려진 말이 아니었는데 잭 니콜슨(Jack Nicholson)과 모건 프리먼(Morgan Freeman)이 주연한 동명의 영화가 나오면서 유행하기 시작했습니다. 지금은 한국에서도 많은 사람이 이 용어를 사용합니다.

사실 '버킷 리스트'라는 말은 정말 허무하고 안타깝고 슬픈 단어입니다. 이것은 '죽기 전에 꼭 해보고 싶은 것의 목록'이라는 뜻이기 때문입니다. 왜 '버킷'(Bucket)이라는 말을 쓰는가 알아보니 정말 슬프지 않을 수 없습니다. 과거 교수형을 집행할 때 죄인을 버킷, 즉 양동이 위에 세워 놓고 목을 매달았는데, 바로 그 양동이를 걷어차기 전에 마지막으로 원하는 것을 말하라는 의미로 사용된 표현이 바로 '버킷 리스트'입니다.

'버킷 리스트'는 우리의 삶을 더 허무하고 비참하게 할 뿐, 결코 행복하게 하지는 않습니다. 그 목록에 있는 것을 다 이루어도 절대 행복할 수 없다는 것입니다. 오히려 더 비참할 수밖에 없습니다.

그런 면에서 우리를 정말 행복하게 하는 것은 LOV(List of Value), 즉 '가치 목록'입니다. 우리에게 가장 소중하고 가치 있는 것의 목록을 만들어 그것들을 행하고 지키고 이루면서 살아가는 인생, 그것이 정말 행복한 삶인 것입니다. 그 소중한 가치를 위해 살았다면 결과와 상관없이 그 삶 자체가 아름다운 것이고, 그 모든 순간이 행복한 것입니다. 그것이 바로 LOV인 것입니다.

그렇습니다. '나는 믿는다'의 의미는 '의지하다, 신뢰하다'일 뿐 아니라 'LOV'를 지키고 행하며 살아가는 것을 말합니다. 이 세상을 살아가면서 아름답고 행복하기 위해 반드시 해야 할 가치 있는 것, 그 목록에 올려놓는 것이 '나는 믿는다'라는 고백인 것입니다.

이렇게 '믿는다는 것'은 실제적인 신앙의 행동으로서 두 가지 의미를 가지는데, 사도신경의 열두 개의 '나는 믿는다'는 바로 이 두 가지의 의미를 가지고 믿음을 고백하는 것입니다. 그런데 그 가운데 아홉 번째 고백인 '나는 거룩한 공교회와 성도의 교제를 믿습니다'라는 것은 특별히 이 두 가지 의미 가운데 두 번째 것이 보다 더 강조되는 믿음의 고백입니다. 다시 말하면, '거룩한 공교회와 성도의 교제, 그것이 나에게 가장 소중한 가치가 있습니다'라는 고백인 것입니다. 이 땅을 살아가면서 예수 그리스도를 주로 믿고 영접해서 하나님의 자녀가 된 사람으로서 제대로 행복하게 살기 위해 가장 소중하게 여겨야 할 것들 가운데 하나가 '교회'임을 고백하는 것입니다.

# 교회를 생명같이 여기는 믿음

'나는 거룩한 공교회와 성도의 교제를 믿습니다'라는 이 아홉 번째 신앙 고백이 '교회가 나에게 이렇게 소중합니다'라는 고백이 확실한 것은 사도들이 그 교회를 어떻게 받았는가를 보면 알 수 있습니다. 마태복음 16장 18절을 보십시오.

> "또 내가 네게 이르노니 너는 베드로라 내가 이 반석 위에 내 교회를 세우리니 음부의 권세가 이기지 못하리라."

사도 베드로는 이 순간을 평생 잊지 못합니다. 주님이 가이사랴 빌립보에서 사람들이 인자를 누구라고 하는지를 물으시고는 이어서 '너희는 나를 누구라고 하느냐'고 물으셨을 때 베드로가 성령의 감동으로 "주는 그리스도시요 살아 계신 하나님의 아들이시니이다"(마 16:16)라고 고백했고, 그 순간 주님이 크게 기뻐하면서 "바요나 시몬아 네가 복이 있도다 이를 네게 알게 한 이는 혈육이 아니요 하늘에 계신 내 아버지시니라"(마 16:17)라고 칭찬하셨고, 그리고 나서 그에게 베드로, 즉 반석이라는 새 이름을 지어 주면서 해 주셨던 말씀이기 때문입니다. 특별히 그때는 몰랐지만 나중에 깨닫게 된 너무나 중요한 말씀을 해 주셨는데, 그것은 "내가 이 반석 위에 내 교회를 세우리니"(마 16:18)라고 하셨던 말씀입니다. 교회를 처음 말씀하셨을 뿐 아니라 '내 교회'라 하셨고, 당신의 교회를 베드로 자신 위에 세우겠다고 하면서 그의 필생의 사명으로 교회를 주셨던 바로 그 순간이기 때문입니다.

사도신경에 대해 비판적으로 말하는 사람들이 가장 많이 지적하는 내용 중에 하나가, 아홉 번째 신앙 고백에 나오는 '공교회'가 라틴어로 '가톨릭'이라는 것입니다. 그러면서 그들은 가톨릭에서 의도적으로 가톨릭교회를 넣어 자신들의 교권을 영원히 공고히 하려는 시도를 한 것이라고, 그런 면에서 사도신경은 성경에서 벗어난 가톨릭의 의도된 음모라고 주장합니다.

그런데 결코 그렇지 않습니다. 이 '거룩한 공교회'라는 내용을 라틴어 단어로는 '가톨릭'이라고 썼지만, 그것은 구교인 가톨릭을 말하는 것이 아니라 '교회 자체', 즉 어떤 지역에 있는 특정한 교회가 아닌 주님이 '내 교회'라고 말씀하셨던 바로 그 교회, 교회 그 자체를 말하는 것입니다.

사도들은 이렇게 교회를 받았습니다. 주님이 친히 당부하며 주신 사명으로 주님의 교회를 받은 것입니다. 특별히 베드로는 디베랴 호숫가에서 부활하신 주님을 만나면서 다시 한 번 교회를 당부하시는 말씀을 듣습니다. '네가 나를 사랑한다면,

내 어린양을 먹이라!' 이렇게 세 번이나 말씀하시는 바로 그 말씀을 말입니다.

이것이 사도들이 생각하는 교회입니다. 그들은 교회를 자신의 생명보다 더 소중하고 가치 있게 여겼습니다. 사랑하는 주님이 친히 맡겨 주신 것이기에 온 삶을 드려 이루고, 목숨을 걸고라도 지켜야 했습니다. 그래서 바울 사도도 교회에 대해 말할 때 이러한 감동과 고백을 담아서 표현하고 있는 것입니다.

"너희는 사도들과 선지자들의 터 위에 세우심을 입은 자라 그리스도 예수께서 친히 모퉁잇돌이 되셨느니라"(엡 2:20).

## 성도의 교제는 교회의 본질

그렇다면 뒤이어 나오는 '성도의 교제'에는 어떤 의미가 있을까요? 사도신경의 아홉 번째 신앙 고백에서 '거룩한 공교회와 성도의 교제'를 하나의 고백으로 묶어 놓은 이유가 있습니다. 그것은 이 둘이 같은 것이기 때문입니다. 좀 더 정확하게 말하면, 주님이 '내 교회'라고 말씀하신 그 교회의 본질을 다른 각도에서 표현한다면 그것이 바로 '성도의 교제'(Sanctorum

Communio)라는 것입니다.

그렇습니다. 교회는 다른 것이 아니라, 예수 그리스도를 주로 고백함으로 그리스도의 제자, 곧 성도가 된 사람들이 모여서 서로 교제하는 공동체입니다. 교회라는 조직이나 건물 혹은 몇몇 리더십이 교회가 아니라, 예수 그리스도를 주로 고백하고 믿어 하나님의 자녀가 된 성도들이 신앙 안에서, 주님 안에서 함께 관계를 맺는 '성도의 교제', 이것이 바로 주님의 참된 교회입니다. 성도이기에 모이고, 성도이기에 서로 관계를 맺고, 성도이기에 서로 사랑하고, 성도이기에 함께 사명을 받고 비전을 품고 사역하는 그 성도의 교제 말입니다. 그래서 종교 개혁자들은 교회를 말할 때 '주님의 몸'이라는 개념보다는 '성도의 교제'라는 개념을 훨씬 더 강조했습니다. 루터도 그랬고, 칼뱅도 그랬습니다.

20세기의 성자라고 불리는 순교자 디트리히 본회퍼(Dietrich Bonhoeffer)의 대표 저서도 바로 《성도의 교제》(대한기독교서회 역간)입니다. 그는 그것으로 박사 학위를 받았고, 그것 때문에 미국의 유니온 신학교에서 죽을 수도 있는 히틀러(Adolf Hitler) 치하의 독일로 돌아온 것입니다. 성도들과 함께 있기 위해 말입니다. 그는 성도의 교제를 추구하면서 그 당시 독일의 모든 사람이 따라가던 히틀러의 나치를 거부하고 제자도의 좁을 길을 가다가 게슈타포에게 체포되어 결국 순교하고 말았습니다. 사람들은 종종 본회퍼가 히틀러 암살이라는 정치적인 행동을 하다가 잡혀서 순교한 것으로 말하지만, 사실 본회퍼에게는 정치적인 의도가 하나도 없었습니다. 다만 그는 성도의 교제, 곧 교회를 세우고 지키기 위해 히틀러를 거부하고 모함 받아 죽임을 당했을 뿐입니다. 그래서 그의 묘비에는 "디트리히 본회퍼, 그의 형제들 가운데 서 있는 예수 그리스도의 증인"이라고 적혀 있는 것입니다. '그의 형제들 가운데 서 있는', 즉 'Sanctorum Communio'(성도의 교제) 말입니다.

당신에게 교회란 무엇입니까? 교회는 당신에게 얼마나 소중합니까? 당신이 출석하는 교회는 주님의 '그 교회'입니까? 당신은 정말 성도의 교제를 나누고 있습니까? 당신은 교회로 인해 행복합니까?

우리가 이 세상을 다 살고 나서 주님 앞으로 가면 주님이 우리에게 하늘의 상급으로 이렇게 말씀하실 것입니다. "잘하였도다, 착하고 충성된 종아!" 그런데 이 말씀은 '내 교회를 세우리니'라고 당부를 받은 주님의 사람들에게 주시는 것임을 기억해야 합니다.

'나는 거룩한 공교회와 성도의 교제를 믿습니다.' 우리는 이 고백이 '교회, 그것은 나에게 가장 소중하고 가치 있는 것입니다'라는 신앙 고백임을 잊지 말아야 합니다.

● '믿는다는 것'이 우리에게 주는 중요한 의미는 바로 '그 믿음이 우리에게 어떤 신앙의 모습으로 나타나는가', '그 믿음으로 우리가 어떻게 살아가는가'입니다.

● '믿는다는 것'은 '의지하다, 신뢰하다'라는 의미와 '가장 가치 있다, 가장 소중하다'라는 의미입니다.

● '나는 거룩한 공교회와 성도의 교제를 믿습니다'라는 고백은 '교회, 그것은 나에게 가장 소중하고 가치 있는 것입니다'라는 고백입니다.

● 교회의 본질은 바로 '성도의 교제'(Sanctorum Communio)입니다.

1. '거룩한 공교회'와 '성도의 교제' 사이에는 어떤 관계가 있나요?

2. 우리는 신앙생활에서 '믿는다'라는 말을 자주 사용합니다. 당신은 '믿는다'고 이야기할 때 이것을 어떤 뜻으로 사용하나요?

3. 당신은 교회와 공동체에 대해 어떻게 생각하나요? 당신은 당신의 교회와 성도의 교제를 얼마나 소중히 여기고 있나요?

4. 일주일 동안 소중한 교회와 공동체를 위해 할 수 있는 일 한 가지를 고민하고 그것을 실천해 봅시다.

# 12. / 용서의 은혜,
용서의 능력

"하나님의 성령을 근심하게 하지 말라 그 안에
서 너희가 구원의 날까지 인치심을 받았느니
라 너희는 모든 악독과 노함과 분 냄과 떠드는
것과 비방하는 것을 모든 악의와 함께 버리고
서로 친절하게 하며 불쌍히 여기며 서로 용서
하기를 하나님이 그리스도 안에서 너희를 용
서하심과 같이 하라"(엡 4:30-32).

예수님은 말씀을 가르칠 때 주로 비유를 사용하셨습니다. 얼마나 많이 사용하셨는지, "비유가 아니면 아무것도 말씀하지 아니하셨으니"(마 13:34)라고 성경이 쓰고 있을 정도입니다. 이는 예수님이 정말 중요한 영적인 메시지를 전할 때, 그런데 사람들이 잘 알아듣지 못할 때 비유를 사용해서 말씀하셨다는 것을 의미합니다. 저는 이것을 대학부 청년들을 가르칠 때 그들이 좋아하는 전쟁의 장면을 사용해서 나름 비유적으로 표현한 적이 있습니다. '사람들이 영적 무식의 기관단총을 쏘면서 저항할 때, 예수님은 비유라는 수류탄을 그 진지에 던져 폭파해 버리고 돌파하셨다.'

이렇게 중요한 메시지를 담은 예수님의 비유를 보면 직간접적으로 많이 그리고 강력하게 다루고 있는 주제가 있습니다. 그것은 바로 '용서'입니다. 대표적인 것이 '일만 달란트 빚진 자와 백 데나리온 빚진 자의 비유', '돌아온 탕자의 비유', '잃은 양의 비유'입니다. 하지만 이것 말고도 서른 개가 훨씬 넘는 예수님의 비유를 보면 그 사이사이에 이 '용서'라는 개념이 들어 있는 것을 볼 수 있습니다. 이는 예수님의 복음의 핵심 주제 가운데 하나가 바로 '용서'라는 것을 말해 줍니다. 아니, 용서는 예수님의 복음의 핵심 주제 가운데 하나 정도가 아니라 핵심 그 자체입니다.

예수님은 그분의 존재 자체가 하나님의 용서였습니다. 하나님을 버리고 제멋대로 떠난 사람들을 용서하고 찾아오신 분이 바로 예수님이니 말입니다. 그래서 예수님의 십자가에서의 첫마디가 "아버지 저들을 사하여 주옵소서 자기들이 하는 것을 알지 못함이니이다"(눅 23:34)였던 것입니다.

그렇습니다. 십자가 사랑의 의미는 '용서'입니다. 십자가 신앙의 핵심이 곧 '용서'라는 것입니다. 그렇기에 신앙인, 즉 복음으로 회복된 사람의 신앙의 핵심 또한 용서입니다. 용서가 신앙을 신앙 되게 하는 핵심 요소라는 것입니다. 그러므로 신앙의 공동체, 즉 복음 공동체의 핵심도 역시 용서입니다. 그 공동체가 하나님의 공동체라면, 진정한 하나님의 공동체로 세워

지려면 다른 무엇보다 용서가 그 공동체의 작동 원리이고, 용서가 그 공동체의 영성이어야 합니다. 바로 이런 신앙의 고백이 사도신경의 열 번째 고백인 '나는 죄를 용서받는 것을 믿습니다'의 의미인 것입니다.

사도신경은 믿는 이들을 참된 신앙인이 되게 하고 신앙의 공동체를 온전하게 하기 위해 사도들의 신앙 고백을 자신의 고백으로 올려 드리는 것입니다. 그런데 성경을 보면 사도들은 다 죄인입니다. 한 사람도 예외 없이 죄의 전력을 가지고 있습니다. 예수님을 만나기 전 죄 가운데 살던 죄인임은 말할 것도 없고, 예수님의 부름을 받고 제자로 따르다가도 한 번씩은 다 주님을 버리고 도망치고 배신했던 전력들이 있습니다. 가장 대표적인 인물이 바로 베드로입니다. 예수님을 모른다고 세 번이나 부인을 했으니 말입니다. 그것도 가장 비굴하고 비참하게 말입니다.

사도 바울도 그런 면에서 밀리지 않습니다. 예수님을 만나기 전에 예수 믿는 사람들을 잡아 죽이려고 그야말로 광분하면서 날뛰었던 사람이 아닙니까? 그래서 스스로를 '죄인 중에 괴수'라고 말할 수밖에 없는 것입니다. 그렇기에 사도들의 신앙 고백 가운데 가슴이 절절하게 올려 드릴 수밖에 없는 것이 바로 '죄를 용서받는 것'입니다. 그들의 신앙은 용서로 이루어진 것이었습니다. '죄를 용서받음'은 그들에게 가장 강력하게 다가오는 신앙의 역사였던 것입니다.

이와 동일하게, 우리의 신앙을 신앙 되게 하고 우리의 공동체를 참된 신앙 공동체가 되게 하는 것은 바로 '용서'입니다. 그래서 사도신경에서 열 번째 신앙 고백으로 '나는 죄를 용서받는 것을 믿습니다'라고 고백하고 있는 것입니다.

그렇다면 우리의 신앙에서 이렇게 중요한 용서란 구체적으로 어떤 것일까요? 신앙인을 신앙인 되게 하고 공동체를 참된 신앙의 공동체가 되게 하는 용서란 구체적으로 무엇을 말하는 것일까요? 그것은 다음의 두 가지로 설명할 수 있습니다.


## 용서의 은혜

"서로 친절하게 하며 불쌍히 여기며 서로 용서하기를 하나님이 그리스도 안에서 너희를 용서하심과 같이 하라"(엡 4:32).


'하나님이 그리스도 안에서 너희를 용서하심과 같이.' 이것이 우리가 경험한 용서의 첫 번째입니다. 그리고 이것이 바로 우리가 경험한 감당 못할 은혜(Amazing Grace)입니다.

우리는 용서받을 수 있는 사람이 아니었습니다. 우리는 죄 가운데서 마땅히 죽어야 할 존재였습니다. 죄 가운데 태어나 죄 가운데 살면서 결국은 죽음으로 끝나고 말 인생에 대해 아무런 대책이 없는 사형 선고받은 죄인들이었습니다. 그러면서도 제 잘난 맛에 스스로 하나님이 되어 제멋대로 살고, 그러면서 또 어리석게 마귀에게 속아 온갖 헛된 것을 우상으로 섬기며 소망도 없이 살아가던 인생이었습니다. 그런데 이런 우리를 하나님이 먼저, 여전히 사랑하셨습니다. 이런 우리를 택하고 찾아오셨습니다. 그러면서 이런 우리를 주님의 십자가 사랑으로 용서하시고, 십자가의 대속의 역사로 구원하셨습니다. 이것이 바로 우리가 받은 은혜입니다.

그렇습니다. 우리는 용서의 은혜를 받은 사람들입니다. 그래서 하나님을 감히 다시 아바 아버지라고 부를 수 있게 된 사람들입니다. 이것이 바로 우리 신앙의 근본이고, 이것이 바로 우리 공동체의 근본 영성인 것입니다.

2013년에 90세를 일기로 돌아가신 김동명 목사님은 평북 철산에서 목사의 3남으로 출생해 일본 고베 공전과 서울공대를 졸업한 후 1948년에 미국으로 유학을 가서 신학을 하고 목사가 되신 분입니다. 이후 1957년에 미국 남침례회의 국내 선교사로 세움을 받아 LA 한인침례교회(베렌도 침례교회)를 개척하고 목회하면서 미국 전역과 전 세계에 수십 개의 교회를 개척하셨습니다. 돌아가시기까지 정말 많은 사람이 참된 신앙인으로, 참된 목자로 존경했던 분입니다.

이분의 대표적인 책 제목이 그러하듯이, 김동명 목사님의 신앙의 핵심은 바로 '용서받은 탕자'였습니다. 말뿐만이 아니라, 정말 자신이 용서받은 탕자의 신앙으로 살았고, '용서받은 탕자'의 메시지를 선포하고 가르치면서 온 삶을 다 주님에게 드리며 사셨습니다. 그분의《용서받은 탕자》(요단출판사)라는 책을 읽으면서 참 궁금했던 것이, 김동명 목사님이 무슨 잘못을 저질렀기에 이런 고백을 하시는가 하는 것이었습니다. 목사의 아들로 태어나 신앙생활해 온 범생인데다 어떤 흉악한 짓을 하셨던 것도 아니고, 탕자하고도 거리가 먼 삶을 사셨던 분인데 왜 이런 고백을 하시는지 이해가 되지 않았습니다. 그러다 문득, 이분이 받은 은혜가 진짜구나 하는 생각이 들었습니다. 하나님의 은혜를 제대로 경험하면 용서의 은혜를 경험할 수밖에 없으니 그분의 신앙의 근본은 용서받은 탕자가 될 수밖에 없었던 것입니다.

우리가 참된 신앙인으로 살아가기 위해서는 무엇보다 이 '용서의 은혜'가 있어야 합니다. 용서받은 은혜, 그 감격을 늘 가지고 있어야 합니다. 만일 이것을 잃어버리면, 그 신앙은 가짜가 되는 것입니다.

보통 신앙생활을 오래하다 보면 처음 사랑의 감격과 은혜를 잊어버리는 경우가 많습니다. 신앙은 결코 그래서는 안 되는데, 안타깝지만 그럴 때가 너무도 많습니다. 그런데 그런 경우를 보면 가장 문제가 되는 것이 바로 이 '용서의 은혜'를 잊어버린 경우입니다. 자격 없는 죄인이 하나님의 무조건적인 은혜로 용서를 받아 구원을 얻은 것인데, 어느 순간부터 그렇게 용서받은 것에 대한 감격이 사라져 버리는 것입니다. 그러면서 스스로 선민의식에 사로잡혀 자신은 원래부터 의인이었던 것처럼 생각이 드는 것입니다.

진짜 신앙인은 이런 영적 무감각과 불감증에 빠지지 않는 사람입니다. 진짜 신앙인은 세월이 가면 갈수록 더욱더 용서받은 은혜가 새로워야 합니다. 그래서 그 은혜 때문에 늘 감사하고 행복하고 죄송해야 합니다. 그 용서의 은혜를 생각할 때마다 눈물이 나야 하고, 그 용서의 은혜 때문에 다시 주님 앞에 무릎 꿇고 찬양과 기도를 회복할 수 있어야 합니다.

# 용서의 능력

"너희는 모든 악독과 노함과 분 냄과 떠드는 것과 비방하는 것을 모든 악의와 함께 버리고 서로 친절하게 하며 불쌍히 여기며 서로 용서하기를 하나님이 그리스도 안에서 너희를 용서하심과 같이 하라"(엡 4:31-32).

'모든 악독과 노함과 분 냄과 떠드는 것과 비방하는 것을 모든 악의와 함께 버리고.' 이는 죄를 이기는 능력을 말하는 것입니다. 그런데 그 능력이 다른 것이 아닌 용서를 통해 나와야 한다는 것입니다. '서로 용서하기를 하나님이 그리스도 안에서 너희를 용서하심과 같이 하라.'

성경은 철저하게 '용서의 은혜'는 반드시 '용서의 능력'으로 가야 한다고 말하고 있습니다. 이것이 '일만 달란트 빚진 자와 백 데나리온 빚진 자의 비유'를 통해 예수님이 말씀하시는 것이고, 모든 사도들이 그 주님의 말씀을 따라 믿음으로 고백하고 살았던 신앙의 내용입니다.

참된 신앙의 능력은 죄를 이기는 것이어야 합니다. 그런데 죄를 이기는 능력 가운데 가장 강력한 것이 바로 '용서의 능력'입니다. 유혹을 이기는 것도 죄를 이기는 능력이고, 진리를 선포하고 지키는 것도 죄를 이기는 능력이지만, 죄를 이기는 가장 강력한 능력은 바로 '용서의 능력'입니다.

경남 함안에 가면 손양원 목사님의 생가에 지어진 기념관이 있습니다. 저는 그곳에 여러 번 갔음에도 갈 때마다 은혜를 받습니다. 손양원 목사님의 이야기를 잘 알 것입니다. 그분의 이야기가 바로 죄를 이기는 신앙의 능력의 최고봉이 아닙니까? 그래서 손양원 목사님의 이야기를 담은 책이나 영화의 제목이 '사랑의 원자탄'인 것입니다. 표현할 수 있는 가장 강력한 것을 말하기 위해 '원자탄'이라는 표현을 쓴 것입니다. 그런데 손양원 목사님의 그 능력이 무엇입니까? 바로 '용서의 능력'입니다. 용서의 능력이 죄를 이기는 신앙의 능력 가운데 가장 강력한 것이라는 말입니다.

그렇습니다. 진짜 신앙인은 '용서의 은혜'로 인해 '용서의 능력'을 가진 사람입니다. 참된 공동체는 '용서의 은혜'로 인해 그 안에 용서의 능력이 역사하는 공동체입니다.

나다니엘 호손(Nathaniel Hawthorne)의 소설 《주홍 글자》는 미국의 식민지 초기 시절 청교도 사회 속에서 일어난 이야기입니다. 아버지가 누구인지 알 수 없는 아이를 임신하고 딸을 낳게 되면서 간통(Adultery)을 의미하는 주홍 글자 A를 가슴에 붙이고 살아가는 헤스터. 그녀는 아이의 아빠가 누구인지를 밝

히지 않은 채 사회의 비난을 온몸으로 받으면서 마을 안에 있으나 사실은 추방자로 딸 펄과 함께 살아갑니다. 그러는 사이 마을에 들어온 헤스터의 전 남편이 칠링워스라는 가명으로 신분을 숨긴 채 헤스터와 간통을 한 사람을 잡아내려고 집요한 노력을 펼칩니다. 그런데 사실은 사람들에게 존경을 받던 딤스데일 목사가 펄의 아버지였습니다. 그는 죄책감에 자신의 셔츠 안 가슴에 A라는 글자를 새긴 채 때때로 사람들 앞에서 자신이 죄인이라고 고백하는 설교를 했는데, 사람들은 오히려 거기에 더 큰 은혜를 받게 됩니다. 의사인 칠링워스는 딤스데일을 돌보면서 그의 가슴에 새겨진 주홍 글자를 보고 그가 아이의 아버지인 것을 알게 됩니다. 이에 그는 딤스데일이 드러나지 않게 천천히, 고통스럽게 죽도록 압박을 가합니다. 무거운 죄책감에 짓눌린 딤스데일은 한밤중에 헤스터가 서 있던 형틀에 홀로 서서 비명을 지르며 자신이 죄인이라고 외치지만 아무도 보지 못합니다. 그러다 결국 마지막에는 대낮에 모든 사람이 보는 앞에서 그 형틀에 서서 자신의 죄를 고백하고 죽어 갑니다. 그렇게 딤스데일이 죽은 후 얼마 지나지 않아 칠링워스도 죽고, 세월이 흘러 헤스터도 죽어 딤스데일의 무덤 옆에 묻혔다는 이야기로 소설은 끝이 납니다.

이것이 소설로는 재미있는 작품이지만, 이 이야기의 배경이 된 청교도 사회가 사실은 얼마나 잔인하고 무서운 사회였는지를 드러내기에 씁쓸한 마음을 감출 수가 없습니다. 아무리 경건하고 의와 진리를 지키는 공동체라 해도 용서의 능력이 없다면 참된 신앙 공동체가 아닙니다. 한 사람의 가슴에 주홍 글자를 새기는, 그야말로 낙인을 찍어 놓는 공동체는 결코 신앙의 공동체일 수 없습니다. 이런 공동체는 결코 사람을 살리지 못하기 때문입니다. 사람의 인생을 회복하게 하지 못하기 때문입니다. 결국 누구도 행복하게 할 수 없기 때문입니다.

참된 신앙은 용서받은 은혜 때문에 또 다른 죄인들을 용서하고 품어 주고 회복시키면서 그 인생 가운데 새로운 삶이 있도록 하는 것입니다. 이것이 바로 진짜 죄를 이기는 것입니다. 이것은 절대 죄를 쉽게 용납하는 것이 아닙니다. 죄를 묵인하거나 조장하는 것이 아닙니다. 다만 그 죄의 낙인을 지워 버리는 것입니다. 그 죄가 힘을 쓰지 못하게 하는 것입니다. 그 죄지은 사람을 살리기 위해 그 수치와 부끄러움을 기꺼이 함께 감당함으로 말입니다. 마치 주님이 우리를 구원하기 위해 십자가에서 수치와 멸시를 기꺼이 당하셨던 것처럼 말입니다.

아름다운 신앙 공동체는 '용서의 능력'이 충만한 공동체입니다. 어떤 죄를 지었든, 과거에 어떤 잘못을 저질렀든 상관없이, 그가 아무리 부끄러운 모습을 가지고 있다 할지라도 그 모든 것을 떨치고 일어나 거룩한 하나님의 사람으로 다시 설 수 있게 하는 공동체입니다.

'나는 죄를 용서받는 것을 믿습니다.' 사도신경의 이 열 번째 신앙 고백은 복음의 핵심이 지금, 여기에서 가장 실제적으로 역사하는 고백입니다. 용서의 은혜가 충만한 사람, 용서의 은혜가 충만한 공동체 그리고 용서의 능력이 역사하는 사람, 용서의 능력이 역사하는 공동체를 온전히 이루는 신앙 고백입니다.

◇◇◇◇◇◇◇◇◇◇◇◇◇◇◇◇◇◇◇◇

우리를 주님의 십자가 사랑으로
용서하시고,
십자가의 대속의 역사로 구원하셨습니다.
이것이 바로 우리가 받은 은혜입니다.

◇◇◇◇◇◇◇◇◇◇◇◇◇◇◇◇◇◇◇◇

● 예수님이 강조하신 복음의 핵심은 '용서'였습니다.

● 예수님은 여러 비유를 통해 용서의 중요성을 말씀하셨고, 또 예수님이 행하신 십자가 사역은 곧 하나님의 용서를 나타냈습니다.

● '나는 죄를 용서받는 것을 믿습니다'라는 사도신경의 열 번째 고백은 예수 믿는 우리가 신앙의 핵심인 십자가 사역을 통한 죄 용서하심을 믿고 붙잡아야 함을 나타냅니다.

● 하나님이 죄인을 용서하셨음을 믿는 믿음은 신앙의 공동체를 세우는 기초가 됩니다.

● 하나님의 용서하심은 두 가지 중요한 사실을 기초로 합니다. 첫 번째는 '은혜'요, 그다음은 '능력'입니다.

● 용서의 은혜를 믿는 믿음과 함께 용서를 실천하는 능력을 통해 신자는 죄를 이겨 내고 공동체를 세워 나가게 됩니다.

1. 일만 달란트 빚진 자가 일백 데나리온 빚진 자를 용서하지 못한 이유는 무엇인가요?

2. 당신은 우리가 죄인이요, 마땅히 용서받아야 할 사람이라는 말이 얼마나 와 닿나요?

3. 당신은 우리 자신이 하나님에게 용서받은 자라는 것을 믿고 다른 누군가를 용서해야 한다는 말을 들었을 때 어떤 느낌을 받나요?

4. 진정한 신앙인은 용서의 능력을 가졌다고 했습니다. 학교, 직장, 공동체 안에서 어떻게 실천할 수 있을지 함께 나누어 봅시다.

# 13. / 몸의 부활을
믿습니다

"죽은 자의 부활도 그와 같으니 썩을 것으로
심고 썩지 아니할 것으로 다시 살아나며 욕된
것으로 심고 영광스러운 것으로 다시 살아나
며 약한 것으로 심고 강한 것으로 다시 살아나
며 육의 몸으로 심고 신령한 몸으로 다시 살아
나나니 육의 몸이 있은즉 또 영의 몸도 있느니
라"(고전 15:42-44).

모든 것이 그렇듯 막바지에 가장 어려운 장애를 만나게 되었습니다. 그것은 바로 사도신경의 열두 개의 '나는 믿는다' 가운데 열한 번째인 '나는 몸의 부활을 믿습니다'라는 고백입니다.


## '몸의 부활'을 어떻게 설명할 것인가

'몸의 부활을 믿습니다.' 이것이 무슨 뜻입니까? 말 그대로 우리가 부활할 때 우리의 영혼만이 아니라 우리의 몸도 부활한다는 것을 뜻하는 말입니까? 그렇다면 이것이 잘 이해되지 않습니다. 우리가 만지고 보는 물리적 존재인 몸이 부활한다는 것이니 이것은 물리적으로 설명이 되어야 맞습니다.

이것이 우리가 부활할 때 우리의 몸도 부활하는 것을 말하는 것이라면, 부활하는 그 몸은 어떤 형태의 몸입니까? 죽기 직전의 몸을 말하는 것입니까? 어린아이 때 죽었으면 어린아이의 몸으로, 나이가 들어서 죽었으면 나이 든 몸으로, 사고를 당해서 죽었으면 사고 난 몸의 상태로, 병들어서 죽었으면 마지막 죽기 직전의 그 병든 몸으로 부활하는 것입니까?

이에 대한 대답이 곤란하다 보니 이단들 가운데 어떤 자들은, 부활할 때의 몸은 그가 살아 있는 동안에 가장 좋았을 때, 이팔청춘 가장 젊고 예쁘고 멋있을 때의 몸으로 부활한다는 식의 주장을 하기도 했습니다. 그런데 이것도 말이 되지 않습니다. 어려서 죽은 사람들의 경우도 설명이 안 되지만, 열여섯 살 때가 가장 멋있고 좋다고 단정적으로 말할 수도 없으니 말입니다. 적어도 저는 열여섯 살 때의 몸으로 부활하는 것은 'No Thank You'입니다. 여드름도 나고 이런저런 모습이 마음에 들지 않기 때문입니다.

솔직히 우리의 인생에서 이 몸이 언제가 가장 멋있고 아름답습니까? 그것을 말하는 것은 불가능하지 않습니까? 그렇다 보니 몸의 부활을 이런 식으로 이해하려는 이단들 가운데 피터 럭크만(Peter Ruckman)이라는 사람은 부활할 때 모두가 다 '33세 남자'의 몸을 갖는다고 단정했습니다. 이유는 성경의 천사들이 (자기 생각에) 33세 남자들이고, 무엇보다 예수님이 부활하셨을 때의 몸이 33세 남자였으니 여자들도 부활할 때 33세 남자의 몸으로 부활한다는 것입니다. 정말 말도 안 되는 소리가 아닙니까?

이런 식으로 '몸의 부활을 믿습니다'라는 고백을 이해하려고 하면 그것이 무엇을 말하는지 그 정확한 뜻을 알 수 없습니다. 더 문제가 되는 것은 왜 이런 신앙 고백을 하는가, 이러한 신앙 고백의 이유와 목적이 무엇인가를 알 수 없다는 것입니다.

앞에서도 여러 번 이야기했지만, 사도신경은 단지 어떤 영적인 진리를 선포하는 것에 그 목적이 있지 않습니다. 사도들의 신앙 고백으로 드려진 영적인 진리를 고백하고 선포하면서 지금 이 세상에서 사도들처럼 바르고 아름답게, 행복하게 신앙생활하는 것에 궁극적인 목적이 있습니다.

이러한 이해 안에서 '몸의 부활'을 이해한다면, 우리가 '나는 몸의 부활을 믿습니다'라는 신앙을 고백하는 이유는 무엇입니까? 이 신앙 고백은 지금 여기에서 신앙생활을 하는 우리에게 어떤 부분에서 그렇게 중요합니까?

보통 이 부분을 설명하는 신학자나 목회자들은 이 신앙 고백의 중요한 이유를 '영지주의 이단'에서 찾습니다. 앞에서도 언급했지만, 초대 교회 당시 교회를 뒤흔들던 이단 가운데 '영지주의'라는 것이 있었습니다. 영은 선하고 육은 악하다는 사상 아래 예수님이 십자가에서 죽으신 것은 실제가 아닌 일종의 환상일 뿐이고, 그러므로 예수님의 부활도 실제가 아닌 영적으로 일어난 일이라고 주장하면서 성도를 미혹하고 교회를 어지럽히던 이단이었습니다. 이런 영지주의 이단의 주장을 정면으로 부정하고 반박하기 위해 열한 번째 신앙 고백으로 '나는 몸의 부활을 믿습니다'라는 고백을 했다는 것입니다.

이것은 아주 근거 없는 이야기가 아니라, 분명 그 당시에는 그런 의미가 있었을 것입니다. 하지만 과연 그럴까요? 그것이 이 신앙 고백의 주된 이유와 목적일까요? 그렇다면 이 열한 번째 고백은 정말 공허합니다. 특히 표면적으로는 영지주의 이단들의 직접적인 공격을 받고 있지 않은 우리에게 이 신앙 고백은 의미가 없습니다. 무슨 뜻인지도 정확히 모르겠고, 그 이유와 목적 또한 하나도 와 닿지 않는 신앙 고백이니 말입니다.

그렇다면 사도들은 무슨 의미로 '나는 몸의 부활을 믿습니다'라고 고백했을까요? 성령님은 모든 성도가 사도들을 따라 이 고백을 하면서 어떤 신앙적인 역사를 이루기 원하시는 걸까요? 사도 바울은 '부활장'이라고 불리는 고린도전서 15장에서 이에 대한 정확한 이야기를 해 주고 있습니다.

> "죽은 자의 부활도 그와 같으니 썩을 것으로 심고 썩지 아니할
> 것으로 다시 살아나며 욕된 것으로 심고 영광스러운 것으로 다
> 시 살아나며 약한 것으로 심고 강한 것으로 다시 살아나며 육의
> 몸으로 심고 신령한 몸으로 다시 살아나나니 육의 몸이 있은즉
> 또 영의 몸도 있느니라"(고전 15:42-44).

그렇습니다. '몸의 부활을 믿습니다'라는 사도들의 신앙 고
백의 의미는 바로 이것입니다. 우리가 그 신앙 고백을 그대로
받아 동일하게 고백하는 그 의미와 이유와 목적이 바로 이것
입니다. 우리는 이 땅에서 육신을 가지고 신앙생활을 합니다.
그런데 우리의 신앙은 이 세상, 이 육신의 이야기로 끝나는 것
이 결코 아닙니다. 육신으로 심은 것들이 신앙 가운데 심은 것
이라면 반드시 신령한 몸으로 다 부활한다는 것입니다.

사도들은 주님의 부활하신 몸을 보았습니다. 그렇게 고난당
하고 채찍질당하고 수치와 모멸을 당했던 몸이, 손과 발에 대
못이 박혀서 십자가에 매어 달렸던 몸이, 창에 옆구리가 찔려
물과 피가 쏟아져 나왔던 몸이 얼마나 거룩하고 아름다운 몸
으로 부활했는지를 말입니다.

이것은 사도들에게 결코 잊을 수 없고 놓칠 수 없는 메시지였습니다. 주님이 세상의 육신을 하나님의 뜻에 따라 온전히 드렸을 때 그것이 그대로 사라지거나 없어지는 것이 아니라, 얼마나 거룩하고 신령하게 다시 살아나는지를 보았기 때문입니다. 이것이 바로 '몸의 부활을 믿습니다'라는 신앙 고백의 의미이고 이유입니다.

그렇습니다. 몸의 부활은 이 세상의 몸이 죽었다가 그대로 다시 살아나는 것을 말하는 것이 아닙니다. 그런 역사가 있을 것이라고, 그렇게 믿는다고 고백하는 것이 아닙니다. 다만 이 세상의 몸으로 심은 것이 영적으로, 믿음으로 심은 것이라면, 그것은 그대로 사라지거나 없어지지 않고 반드시 영적인 열매로 맺힐 것임을 말하는 것입니다. 그것이 신앙이라고, 그것이 신앙생활이라고, 그것이 바로 신앙인의 삶이라고 말하는 것입니다.

자신의 두 아들을 잃으면서 보여 준 손양원 목사님의 신앙은 다른 어떤 것보다 '몸의 부활을 믿는 신앙'이었습니다. 그 신앙이 있었기에 그 엄청난 고통을 이기고 아름다운 신앙을 보일 수 있었던 것입니다. 손양원 목사님의 '몸의 부활을 믿는 신앙'은 두 아들의 장례 예배에서 나누었던 소위 '아홉 가지 감사'라는 말씀에 잘 드러납니다. 아홉 가지 전체가 이 신앙에 해당하지만, 특히 여섯 번째와 여덟 번째 감사의 고백은 그야말로 육으로 심고 신령한 몸으로 다시 사는 믿음이 그대로 드러나 있습니다.

6. 미국 유학 가려고 준비하던 내 아들, 미국보다 더 좋은 천국에 갔으니 내 마음이 안심되어, 하나님 감사합니다.

8. 내 두 아들의 순교로 말미암아 무수한 천국의 아들들이 생길 것이 믿어지니 우리 하나님 감사합니다.

참신앙은 바로 이 육신을 심고 신령한 몸으로 다시 살아나는 몸의 부활을 믿는 신앙인 것입니다.


## '몸의 부활'에 대한 바울 사도의 설명

그렇다면 몸의 부활, 즉 이 세상의 몸을 심고 천국의 신령한 몸으로 다시 살아나는 것은 구체적으로 어떤 것을 말하는 걸까요? 본문에서 바울 사도가 구체적으로 예를 들면서 고백한 것은 다음 세 가지입니다.

### ●●● 썩을 것으로 심고 썩지 아니할 것으로 다시 살아나며

이 세상에서의 몸은 썩을 것입니다. 우리가 아무리 소중하게 여기고 잘 보존해도 결국은 썩어 없어질 것들이 바로 이 몸입니다. 우리의 시간이 그렇고 우리의 물질이 그렇습니다. 이 세상의 명예와 권력이 그렇고 세상 지식이 그렇습니다.

참된 신앙은 이 썩을 것을 심고 썩지 아니할 것으로 다시 사는 것입니다. 이 썩어 사라질 시간을 드리고 영생의 축복을 얻어야 합니다. 이 썩어 없어질 물질을 드리고 천국의 보화와 풍요를 얻어야 합니다. 이 썩어질 세상 명예를 주님 앞에 올려 드리고 천국의 영광과 면류관을 얻어야 합니다. 이 썩어질 세상 권력을 섬김으로 드리고 하나님의 마음을 얻어 그분의 기쁨이 되어야 합니다.

이렇게 산 사람들이 있습니다. 그들은 바로 사도와 신앙의 선배들입니다. 이제는 우리가 그렇게 살아야 합니다.


### ●●● 욕된 것으로 심고 영광스러운 것으로 다시 살아나며

여기 '욕된 것'은 헬라어로 '아티미아'(ἀτιμία)인데, 이는 '수치, 치욕'을 말합니다. 이는 살아가면서 결코 가져서는 안 되는 것들입니다. 그런데 안타깝게도 우리의 욕망과 욕심이 바로 이 '아티미아', 곧 욕된 것입니다. 로마서 1장 26절에서는 이를

'부끄러운 욕심'이라고 말하고 있습니다.

하나님이 처음 사람을 만드셨을 때 욕망과 욕심은 부끄러움이 아니었습니다. 그래서 벌거벗었으나 부끄러워하지 않았습니다. 그러나 죄가 들어오면서 욕망과 욕심은 부끄러움이 되었습니다. 성적인 것, 물질의 소유에 대한 것, 자기 자랑과 권력에 대한 그 모든 것이 원래는 나쁜 것이 아닌데 부끄러운 것이 되고 만 것입니다. 여기에 더해서 우리에게 온 수많은 상처들, 거절과 실패 그리고 우리의 범죄가 다 부끄러움이 되었습니다. 더 많은 부끄러움이 되었습니다.

결국 인생은 가슴에 부끄러움을 가득 담고 살아가는 것이라고 할 수 있습니다. 이 세상을 살아가는 우리의 몸이 부끄러움 자체인 것입니다. 그런데 이 '아티미아'를 십자가 앞으로 가지고 나아가 그것으로 인해 주님의 자녀가 되는 사람들이 있습니다. 그 부끄러움 때문에 은혜를 받고 하나님의 자녀가 되는 사람들이 있습니다. 그들이 바로 신앙인입니다. 부끄러움을 심고 영광스러운 것으로 사는 사람들 말입니다. 이것이 바로 '몸의 부활을 믿는 신앙'입니다.

### ● ● ●  약한 것으로 심고 강한 것으로 다시 살아나며

우리는 정말 약한 자입니다. 우리의 몸도 약하지만, 우리의 의지는 더욱 그렇습니다. 우리의 감정은 너무나 약해서 수시로 무너지고 흔들립니다. 그런데 그 약함 때문에 주님을 찾는 사람들이 있습니다. 주님을 의지하는 사람들이 있습니다. 그러면서 죄가 함부로 할 수 없는 강함으로 다시 살아나는 것입니다. 이 연약한 육신을 드려서 그 강한 천국의 능력으로 다시 살아나는 사람들, 그들이 바로 신앙인입니다. 바로 그 신앙이 몸의 부활을 믿는 부활 신앙인 것입니다.

'나는 몸의 부활을 믿습니다.' 이것은 이 세상에서 우리 신앙생활의 전부입니다. 참신앙의 사람이 세상을 신앙으로 아름답게 살아갈 수 있는 비밀입니다. 우리는 이 육신을 심고 신령한 몸으로 다시 사는 사람인 것입니다.

우리의 신앙은 이 세상,
이 육신의 이야기로 끝나는 것이 결코 아닙니다. 육신
으로 심은 것들이 신앙 가운데 심은 것이라면 반드시
신령한 몸으로 다 부활한다는 것입니다.

● 사도신경은 영적인 진리를 선포하는 것만이 아니라, 신자들이 이 세상에서 아름답고 행복하게 신앙생활을 하도록 이끌어 줍니다.

● '나는 몸의 부활을 믿습니다'라는 고백은 단순히 '이 세상에서의 몸이 죽고 그대로 다시 살아날 것'을 믿는 것이 아닙니다.

● 부활 신앙은 이 세상에서 '심은' 몸이 반드시 '영적인 열매'로 다시 맺어질 것을 의미합니다.

● 예수님이 세상의 육신을 하나님의 뜻에 따라 온전히 드렸을 때, 그분은 버림받고 사라지는 몸이 아닌 아름답고 거룩하고 신령한 몸으로 다시 살아나셨습니다.

● 신자는 이 땅에서 사라질 시간, 물질, 명예, 권력을 하나님에게 올려 드림으로 천국의 보화와 영광과 면류관과 축복을 얻어야 합니다.

1. 아들의 죽음에도 감사 헌금을 하신 손양원 목사님을 생각하며 부활을 믿는 믿음이 무엇인지 생각해 봅시다.

2. 사도신경을 암송하면서 '몸의 부활을 믿습니다' 부분에서 느꼈던 감동이나 느낀 점이 있다면 나누어 봅시다.

3. 이 세상에서 썩어 없어질 것(시간, 물질, 명예, 권력 등)에 집착했던 순간이 있었다면 그 경험을 나누어 봅시다.

4. 시대나 문화는 달라도 신앙의 선배들과 우리의 신앙 고백은 다르지 않습니다. 공동체 안에서 함께 실천하고 고백해야 할 것이 있다면 나누어 봅시다.

# 14. / 영생을
믿습니다

"아버지께서 아들을 사랑하사 만물을 다 그의
손에 주셨으니 아들을 믿는 자에게는 영생이
있고 아들에게 순종하지 아니하는 자는 영생
을 보지 못하고 도리어 하나님의 진노가 그 위
에 머물러 있느니라"(요 3:35-36).

요한복음 11장에 보면 예수님이 죽은 나사로를 다시 살리신 이야기가 나옵니다. 이것은 예수님이 행하신 수많은 기적 가운데 가장 강력한 기적 이야기라고 할 수 있습니다. 우선 이것은 죽은 자, 그것도 죽어서 나흘이나 된 사람을 다시 살렸다는 면에서 엄청난 기적입니다. 단지 아픈 사람이 아닌, 완전히 죽어서 무덤까지 들어갔던 사람을 살렸으니 사람의 생각으로는 다른 기적과 비교가 되지 않는 것입니다. 그러다 보니 이 기적이 미친 파장이 엄청납니다. 얼마나 강력했으면 대제사장과 바리새인들이 공회를 모아서 예수님을 죽이기로 결정했겠습니까? 이는 예수님의 십자가 역사가 일어나게 된 직접적인 요인이 된 기적 이야기인 것입니다.

그런데 이 기적 이야기에는 이런 외적인 것 말고도 신앙적으로 중요한 메시지가 많이 들어 있습니다. 어쩌다 보니 그렇게 된 게 아니라, 예수님이 주려고 작정하신 메시지가 너무나도 많이 들어 있는 것입니다. 그것은 바로 '신앙이 사망을 어떻게 이기는가' 하는 메시지입니다.

## 나사로의 죽음과 부활 그리고 영생

결과적으로 예수님이 나사로를 살리셨으니 신앙이 사망을 이겼다는 단순한 이야기가 아닙니다. 처음부터 사람들은 계속 사망 가운데 잡혀 있었습니다. 무덤을 막고 있던 돌문과 죽은 나사로를 동여매고 있던 수의는 그가 병들어 죽게 되었을 때부터 이미 사람들의 마음속에 아주 강력하게 역사하고 있었다는 것입니다. 나사로의 누이 마르다와 마리아도 그랬고, 그 주변에 있는 사람들도 그랬고, 예수님과 함께 있던 제자들도 그랬습니다. '큰일 났다. 잘못하면 죽을 수도 있다.' 그렇게 두려움에 떨다가 결국은 다 끝났다며, 이미 죽어 버렸다며 절망하고 무너져 버린 것입니다. 그런데 오직 한 분, 예수님만은 계속해서 외치십니다.

"이 병은 죽을병이 아니라 하나님의 영광을 위함이요 하나님의
아들이 이로 말미암아 영광을 받게 하려 함이라"(요 11:4).

"우리 친구 나사로가 잠들었도다 그러나 내가 깨우러 가노
라"(요 11:11).

"네 오라비가 다시 살아나리라"(요 11:23).


물론 예수님은 죽음을 무조건 부정하시는 것이 아닙니다.
이단에 빠진 사람들 혹은 잘못된 신앙 가운데 있는 사람들이
정신적인 충격으로 죽음을 받아들이지 못하고 부정하면서 이
미 죽었는데 안 죽었다고, 다시 살아난다고 생각해 시신을 집
에 두고 있다가 사회적인 문제를 일으킨 경우가 있는데, 예수
님은 결코 그런 시각이 아니라는 것입니다. 14절에 분명히 나
오는 것처럼 예수님은 나사로가 죽었음을 확실하게 말씀하셨
습니다. 그리고 나사로의 무덤 앞에 가서는 사랑하는 사람의
죽음 앞에 눈물을 흘리시기까지 했습니다.
결국 이 기적 이야기를 통해 예수님이 강력하게 주고 싶으
셨던 메시지는, '신앙은 사망을 이긴다'는 것이었습니다. 더 정
확하게 말하면, '신앙인은 사망을 이겨야 하며, 이길 수 있다'

는 것입니다. 결론적으로 죽은 나사로가 다시 살아나는 기적
이 일어났기에 사람들은 그 기적에만 눈길을 주면서 죽은 자
를 살리신 예수님의 놀라운 능력, 그분의 메시아 되심에 열광
했지만, 이 일을 통해 주님이 주고 싶으셨던 것은 바로 '신앙인
은 사망을 이겨야 한다'는 메시지였던 것입니다.

이런 면에서 이 이야기의 핵심은 예수님이 마르다에게 하셨
던 말씀입니다.

"예수께서 이르시되 나는 부활이요 생명이니 나를 믿는 자는 죽
어도 살겠고 무릇 살아서 나를 믿는 자는 영원히 죽지 아니하리
니 이것을 네가 믿느냐"(요 11:25-26).

예수님은 '에고 에이미'(ἐγώ εἰμι), 즉 '나는 ○○이다'라는 표
현까지 써 가며 당신이 부활이고 생명이라고, 그러니 당신을
믿는 사람(신앙인)은 죽어도 살겠고, 살아서 믿는 자는 영원히
죽지 않을 것이라고 말씀하셨습니다. 그러면서 신앙인은 사망
을 이길 수 있고, 이겨야 한다는 메시지를 강력하게 말씀하셨
습니다.

그런데 솔직히 예수님의 이 표현에는 논리적으로 문제가 있
습니다. '나를 믿는 자는 죽어도 살겠고'라고 말씀하신 후에

'살아서 나를 믿는 자는 영원히 죽지 않는다'고 하셨는데 이것이 서로 충돌하기 때문입니다. '살아서 믿는 자는 죽지 않는다'고 했는데 '나를 믿는 자는 죽어도 산다'는 것이 어떻게 가능하냐 말입니다.

그러면 무엇입니까? 예수님이 잘못 말씀하신 것입니까? 아닙니다. 예수님은 육체의 죽음을 말씀하신 것이 아니기에 그렇습니다. 예수님은 사망이라는 영적인 것을 말하면서 신앙은 바로 그 사망을 이기는 것이라고 말씀하신 것이니 이것은 절대로 논리적인 충돌이 아닙니다. 오히려 '신앙인은 사망을 이길 수 있고, 이겨야 한다'는 것을 더 강력하게 강조한 말씀일 뿐입니다.

그렇습니다. 사망을 이기지 못하는 신앙은 신앙이 아닙니다. 다시 말하지만, 신앙인은 사망을 이길 수 있고, 반드시 이겨야 합니다. 이 신앙의 고백이 사도신경의 마지막 열두 번째 고백인 '나는 영생을 믿습니다'라는 고백의 핵심 의미입니다.

우리는 신앙생활을 하면서 인간적인 한계 때문에 중요한 영적 진리를 제대로 알지 못하고, 그래서 누리지 못하는 경우가 참 많습니다. 그중에 하나가 바로 이 '영생'이라는 것입니다.

예수 그리스도를 주로 고백하고 믿는 사람은 영생을 얻습니다. "내가 진실로 진실로 너희에게 이르노니 내 말을 듣고 또

나 보내신 이를 믿는 자는 영생을 얻었고 심판에 이르지 아니하나니 사망에서 생명으로 옮겼느니라"(요 5:24)라는 말씀 그대로 영생은 모든 믿음의 사람에게 주어지는 가장 귀한 축복입니다. 그런데 문제는 이 영생을 '나중에 천국에서 영원히 산다'는 개념으로만 생각한다는 데 있습니다. '영생'이라는 이 귀하고 중요한 것이 현실적으로는 피부에 와 닿지 않는 먼 훗날의 이야기처럼 여겨진다는 것이 문제입니다.

요한복음 11장의 이야기에서 예수님이 "네 오라비가 다시 살아나리라"(요 11:23)라고 말씀하셨을 때 마르다는 이렇게 말합니다. "마지막 날 부활 때에는 다시 살아날 줄을 내가 아나이다"(요 11:24). 마르다는 성경에서 여자 베드로라고 할 수 있습니다. 믿음은 있는데 때로는 자기 생각대로 열심을 내다가 심지어는 예수님을 책망하기도 한다는 면에서 그렇습니다. 그런데 이는 우리 신앙인들의 모습이기도 합니다. 믿음이 있어서 주님을 감동시킬 때도 있지만 때로는 자기 생각으로 넘어지기도 하고 무너지기도 하기 때문입니다.

앞의 마르다의 말은 신앙적으로 어떤 모습을 보여 주고 있습니까? 부활이 있음을 믿지만, 그래서 나중에는 다 부활하겠지만, 그러나 지금은 별로 소용이 없다는 것 아닙니까? 지금 자신들에게 닥쳐 온 이 사망의 절망에는 아무런 대답이 되지 못한다는 것 아닙니까? 그래서인지 "나는 부활이요 생명이니 나를 믿는 자는 죽어도 살겠고 무릇 살아서 나를 믿는 자는 영원히 죽지 아니하리니 이것을 네가 믿느냐"(요 11:25-26)라는 말씀에서 주님의 답답함이 느껴집니다. 먼 훗날에 있을 이야기가 아닌데, 지금 이 사망을 이기는 신앙인데 그것을 알지 못하고 누리지 못하는 마르다에 대한 안타까운 마음과 답답함 말입니다.

'영생'은 미래의 이야기가 아닙니다. 나중에 천국에 가서 영원히 사는 그런 현실감 없는 이야기가 아닙니다. 관념적으로만 말하는 추상적인 이야기는 더더욱 아닙니다. 성경을 보아서 알겠지만, 영생은 '구원'으로 바꾸어 쓸 수 있는 말입니다. 요한복음 3장 36절을 보십시오.

"아들을 믿는 자에게는 영생이 있고 아들에게 순종하지 아니하는 자는 영생을 보지 못하고 도리어 하나님의 진노가 그 위에 머물러 있느니라."

분명 '영생'이 구원과 같은 개념으로 쓰이고 있습니다. 우리가 받은 '구원'이 나중에 받을 영적인 구원만을 말하는 것이 아니라 이 세상을 살아가면서 누리는 축복과 능력인 것처럼, 영생도 바로 그런 것입니다. 솔직히 저는 나중에만 누리는 영생에는 관심이 없습니다. 지금 이 순간부터 역사하는 영생, 그것이 중요합니다. '사망을 이기는 능력으로서의 영생' 말입니다.

사도신경의 '나는 영생을 믿습니다'라는 고백은 이 세상을 살아가는 신앙의 아주 강력한 능력을 고백하고 선포하는 것입니다. 이것을 다르게 표현하면, '나는 더 이상 사망에 잡혀 있지 않음을 신앙으로 선포합니다'라는 고백인 것입니다. 그렇기에 어떤 면에서 이 열두 번째 고백은 사도신경 전체의 신앙 고백 가운데 가장 강력하고 구체적인 것이라고 할 수 있습니다. 왜냐하면 우리 신앙의 삶의 가장 구체적이고 강력한 싸움이 바로 '사망의 세력과의 싸움'이니 말입니다.


## 사망의 한계를 뛰어넘는 믿음

'영생의 믿음'으로 사망을 이기는 것이 신앙이라고 했는데, 그렇다면 그것은 구체적으로 무엇을 말하는 것일까요? 여러 가지가 있겠지만, 가장 중요한 것은 '사망의 한계를 뛰어넘는 것'입니다.

그렇습니다. 사망은 한계입니다. 우리 인생을 가두어 두고 그 안에서 벗어나지 못하게 하는 한계입니다. 열왕기하 6장에 나오는 아람의 벤하닷 왕에게 포위된 사마리아 성처럼, 심지어 굶주림 때문에 여인이 자기 자식을 삶아 먹는 고통 가운데 있으면서도 여전히 그 안에 갇힌 채 벗어나지 못하는 한계, 그것이 바로 사망입니다. 모든 인생에게 고통을 주는 사망 말입니다.

그런데 신앙이 이 사망이라는 한계를 벗어나게 합니다. 특히 사망이 주는 두 가지의 올무를 벗어나게 합니다.

**두려움**: 사망은 두려움이라는 올무로 사람들을 묶어 놓고 있습니다. 죽을지도 모른다는 두려움. 그래서 죽지 않으려고 몸부림치면서 애를 쓰지만, 그럴수록 더 벗어날 수 없게 하는 두려움이라는 한계에 직면하게 됩니다.

**허무**: 사망은 또한 '죽으면 그만이다'라는 허무로 사람들을 가두어 놓고 있습니다. '삶의 가치? 의미? 다 소용없다. 죽으면 끝이다. 그러니까 막 살자.' 이런 식으로 사람들을 가두어 두고 있는 것입니다.

'카르페 디엠'(Carpe Diem)은 로마의 시인인 호라티우스 (Quintus Horatius Flaccus)의 시에 나오는 말입니다. '오늘을 즐겨라'라는 뜻으로, 인생은 짧으니까 미래에 너무 매이지 말고 현재를 마음껏 즐기고 살라는 뜻입니다. 이 말은 영화 〈죽은 시인의 사회〉에서 주인공 존 키팅이 자신의 수업 첫 시간에 학생들에게 가르치면서 유명해졌습니다.

이 영화의 내용처럼 부모의 강요에 의해 자신의 꿈을 제대로 펼쳐 보이지 못하는 것은 안됐지만, 그래서 마음껏 자신이 하고 싶은 것을 하면서 사는 것이 중요할지 모르지만, 결국 이 '카르페 디엠'은 '사망의 허무'라는 한계에 붙잡혀 살아가는 안타까운 인생의 모습일 뿐입니다. 훗날 '존 키팅' 선생의 역할을 하면서 '카르페 디엠'을 소리 높여 외쳤던 배우 로빈 윌리엄스(Robin Williams)가 63세의 나이로 스스로 목숨을 끊은 것은(그의 사망이 실제로는 이 말과 아무런 상관이 없지만) 아주 깊은 느낌을 지울 수 없게 합니다. '사망의 한계에 붙잡힌 인생'이라는 면에서 말입니다.

그러나 신앙은 이 사망의 한계를 벗어날 수 있게 합니다. 사망의 협박 앞에 두려움으로 떨지 않습니다. 물론 두렵지만, 그 두려움을 이길 수 있는 '죽으면 죽으리라'의 신앙, 영생의 그 믿음이 있기 때문입니다. 신앙은 또한 죽으면 끝이라는 허무 때문에 막 살지 않게 합니다. 지금 가는 이 길이 아무리 좁고 험해도, 욕망이 우리를 끊임없이 유혹해도, 너무나 빠르게 이 삶이 끝날 것 같은 허무함과 허탈함이 밀고 들어와도, 사랑하는 하나님 아버지와 영원히 사는 삶에 대한 믿음으로 우리는 좁은 길을 바르게 그리고 아름답게 걸어갈 수 있는 것입니다.

선교의 역사에 있어 감동적인 이야기를 남긴 '짐 엘리엇'(Jim Eliot), 그는 일찍이 자신의 삶을 하나님에게 헌신한 것으로 알려져 있습니다. 대학 2학년 때 선교사로 헌신한 그는 휘튼대학을 수석으로 졸업한 후 다른 네 명의 동료와 함께 남미 에콰도르의 아우카족에게 선교하러 갔다가 복음 한마디도 전하지 못한 채 순교를 하고 말았습니다. 당시 〈라이프〉(Life)지에서 'What a Waste!'(이것이 무슨 낭비인가!)라는 타이틀로 기사를 냈을 때 그의 아내인 '엘리자베스 엘리엇'(Elisabeth Elliot)은 이렇게 말했습니다. "낭비라니요? 왜 그런 말을 하십니까? 나의 남편은 어려서부터 이 순간을 위해서 준비했던 사람입니다. 내 남편은 이제야 그 꿈을 이룬 것입니다." 엘리자베스가 이렇게 말할 수 있었던 것은 짐 엘리엇이 대학생 때부터 기록했던 일기와 글의 내용을 알고 있었기 때문입니다. 그 가운데 하나가 바로 이것입니다. "영원한 것을 얻기 위해 영원하지 않은 것을 버리는 자는 결코 어리석은 자가 아니다."

이것이 바로 사망의 한계를 뛰어넘는 '영생의 믿음'을 가진 사람의 모습입니다. 사망의 협박이 통하지 않는, 사망의 유혹이 먹히지 않는 삶 말입니다.

　사도들의 신앙 고백을 그대로 이어받아 동일하게 고백하는 사도신경은 다른 것이 아니라 '바르게 그리고 아름답게 신앙 생활을 하기 위한 것'임을 잊지 마십시오. 그리고 그 마지막은 '나는 영생을 믿습니다', 곧 '나는 사망의 한계를 믿음으로 뛰어넘었습니다. 나는 더 이상 사망에 잡혀 있지 않습니다'라는 이 고백이고, 그렇게 사는 것임을 잊지 마십시오. 그렇게 이 땅에서 영원을 사십시오!

사망을 이기지 못하는 신앙은 신앙이 아닙니다.
다시 말하지만, 신앙인은 사망을 이길 수 있고,
반드시 이겨야 합니다.
이 신앙의 고백이 사도신경의 마지막 열두 번째 고백인
'나는 영생을 믿습니다'라는 고백의 핵심 의미입니다.

● 나사로를 다시 살리신 기적은 예수님이 죽은 생명을 다시 살리시는 능력의 하나님이심을 보여 줌과 동시에 신앙인은 '사망을 이겨야 한다'는 메시지를 보여 줍니다.

● 예수를 주로 믿고 고백한 사람은 영생을 얻었습니다.

● 영생은 나중에 '천국에 가서 영원히 살 것이다'라는 다소 관념적이고 추상적인 개념만이 아니라, 지금 이 세상을 살아가는 신자가 누리는 축복이요, 능력입니다.

● 영생을 믿는 믿음은 사망이 가져오는 두려움과 허무의 올무를 벗어나게 합니다. 영생의 믿음을 가진 사람에게는 사망의 협박과 유혹이 통하지 않기 때문입니다.

● '나는 영생을 믿습니다'라는 고백은 '나는 믿음으로 사망의 한계를 뛰어넘어 더 이상 사망에 잡혀 있지 않습니다'라는 고백이며, 이 땅에서 영원을 살아가는 방법입니다.

1. 마르다와 예수님의 대화를 생각하며 마르다가 어떤 점을 놓치고 있었는지를 생각해 봅시다.

2. "영원한 것을 얻기 위해 영원하지 않은 것을 버리는 자는 결코 어리석은 자가 아니다"라는 말에 대해 느낀 점을 나누어 봅시다.

3. 당신이 가진 재능과 시간을 허비한다는 느낌을 받을 때가 있었다면 언제인가요? 당신은 정말 허비했다고 생각하나요?

4. 이 땅에서 영생을 살기 위해 필요한 것은 무엇인가요? 이 땅에서 영생을 사는 삶은 당신에게 어떤 유익을 주나요?